중국
상장회사의
임원보수제도
에 대한 연구

황
연
숙 黃蓮淑 Huang Lianshu

중국 북경대학교 법과대학(법학사, 2008)
서울대학교 법학일반대학원(상법 석사, 2015)
북경 중륜법률사무소(2008-2012)
김 · 장 법률사무소(2015-현재)
논문으로는 「중국 상장회사의 임원보수제도에 대한 연구」(석사학위논문, 2015.2)

아시아태평양법
연구시리즈 3

중국 상장회사의 임원보수제도에 대한 연구

황연숙

민속원

머리말

이 책은 중국 상장회사의 임원보수제도에 대하여, 〈회사법〉, 〈상장회사관리준칙〉, 〈공개발행증권의 회사정보 공시내용과 격식준칙 제2호(연도보고의 내용과 격식)〉(이하 <2호문>), 〈상장회사 지분장려 관리방법(시범시행)〉, 〈중앙기업담당자 보수관리 잠정방법〉 등 주요 법 규정을 근거로 하는 상장회사 임원보수 관련 결정, 구조, 공시 및 적정성 관련 문제점에 대해 연구하도록 한다.

구체적으로, 임원보수의 결정과정에서는 지배주주의 존재, 감사회 및 사외이사, 이사회의 감독기능의 결여, 행정임명 및 행정간섭 등 문제가 존재한다. 구조에 있어서는, 실적연동성 보수 특히 중장기 인센티브의 비중이 낮고, 지분인센티브의 입법이 미숙하여 원활한 시행이 되지 않는다. 공시는 내용이 분산적이고, 범위가 협소하며, 공시위반 처벌강도가 부족한 문제가 있고, 보수의 적정성에 있어서는, 주로 행정방식의 한도통제에 의존하고, 사법구제 수단이 활용되지 않는 문제점이 있다.

이에 본서는 상기 연구범위 내에서 7장으로 구성하여, 아래와 같은 순서로 논의를 전개한다.

제1장은 서론부분으로서 연구의 배경과 목적, 범위 및 그 방법에 대하여 서술한다.

제2장에서는 임원보수 규제의 기초이론에 대해 고찰한다. 우선, 임원과 임원보수의 개념에 대하여 논의하고, 임원보수규제의 기초이론인 대리인이론, 인적자본이론, 인센티브이론, 최적계약이론, 경영자지배이론 등에 대하여 정리한다.

제3장에서는 미국, 독일, 일본, 한국에서의 임원보수의 결정, 구조, 공시, 적정성에 대한 선진적인 경험을 살펴본다.

제4장에서는 19세기 중 · 후기부터 지금까지 중국 임원보수제도의 형성과 발전에 대하여 간단히 기술하고, 현재 상장회사 임원보수의 수준을 파악하기 위하여 중국과 미국, 임원보수와 직원급여, 국유회사와 非국유회사 등 관련 자료를 살펴보며, 〈회사법〉과 〈2호문〉을 중심으로 중국 임원보수의 결정, 공시, 과다보수의 통제 등에 대한 중국의 입법현황을 소개한다.

제5장에서는 위 내용을 토대로 중국 상장회사 임원보수제도에 존재하는 내부자에 의한 지배, 실적 관련 보수 부족, 공시제도의 미흡, 적정성 통제수단의 부족 등 문제점과 그 원인에 대하여 분석한다.

제6장에서는 제5장에서 제기한 제반 문제점에 대하여 분석하고 그 개선방안을 검토 및 제시한다. 구체적으로 소수주주와 이사회 권한의 강화, 사외이사 독립성의 제고, 행정임명과 행정 간섭의 감소를 통하여 내부자에 의한 지배를 해소하고, 지분인센티브 관련법을 보완하여 보수의 실적연동성을 제고하며, 공시범위의 확대를 통해 공시의 투명도를 높이고, 사법구제의 활성화, 한도규제의 감소, 임원의 구분 취급 등 방식을 통하여 보수의 적정성을 확보하

는 임원보수 개선방안을 제시한다.

마지막으로 제7장에서는 전술한 내용을 종합하여 결론을 맺는다.

황현숙

차례

01

서론

제1절 연구의 배경 및 목적

2008년 리먼 브라더스의 도산으로 촉발된 금융위기의 원인의 하나로 과도한 보수지급이 지목되었고, 이로 인하여 중국여론은 회사 임원의 보수에 대해 주목하기 시작하여 각 회사 임원에 대한 일련의 고액보수가 보도되었다. 그 중 2007년 中國平安의 이사장 馬明哲의 과세전의 보수는 6,616만 위안이었고, 회사에서 임원보수가 4,000만 위안 이상인 인원수는 3명이었으며, 2007년 深發展의 이사장 Frank. N. Newman의 과세전의 보수는 2,285만 위안이고,[1] 민생은행의 이사장 董文標의 과세 전 보수는 1,748.62만 위안이었다.[2] 그 해, A주 상장회사 임원의 평균보수는 30.05만 위안

1· 余彦君, 「平安三高管年薪均超4000万」, 『新浪财经网』, 2008 http://finance.sina.com.cn/g/20080321/08014650670.shtml (2014.8.27. 최종방문).

이었고, 임원평균보수의 최저금액은 ST金泰의 1.48만 위안이었다.[3]

임원보수의 보도는 국민에게 큰 충격을 안겨주었고, 고액보수에 대한 반감을 일으켰다. 여론의 압력 하에 여러 상장회사에서는 보수 감액 열풍이 일어났는데, 그 중 6,616만 위안 고액보수로 화제가 되었던 中國平安의 이사장 馬明哲은 2008년 0위안 보수로 감액할 것을 발표하였고, 南方航空은 중층 이상의 임원 10% 감액, 亿陽信通의 8명의 이사는 월급 20% 감액, 東方航空은 2009월 2월부로 임원보수 10% 내지 30% 감액, 云南銅業은 正級 임원의 실적 보너스 50% 감액, 三一重工은 2009년 이사장 梁穩根이 1위안 보수로 감액하고, 이사 唐修國, 向文波, 易小剛은 90% 감액을 하였다.[4] 하지만 이런 감액발표는 국민에게 있어 상업적인 쇼로 받아졌고, 보수의 책정기준에 대한 혼란을 가져다주었다.

이에, 중국 정부는 임원보수의 한도를 규제하는 일련의 법 규정을 공표하였다. 하지만 중국의 특유한 정치체제와 시장경제의 미성숙, 입법의 미흡 등 제반 원인으로 인하여, 현 임원보수의 고액현상은 아직 해결해야 하는 과제로 남아있다.[5]

아울러, 중국학자들의 임원보수에 대한 논의도 일부 이루어졌는데, 주로 미국, 독일 등 선진국의 임원보수제도에 대한 소개에

2· 郑江, 「多家银行披露07年高管收入, 民生银行董事长最高」, 『新华网』, 2008 http://news.sohu.com/20080511/n256778244.shtml (2014.8.27. 최종방문).

3· 周俊, 「2007年A股上市公司高管年薪排行榜」, 『新浪财经网』, 2008 http://finance.sina.com.cn/stock/data/20080509/18354851944.shtml (2014.8.27. 최종방문).

4· 余丰慧, 「马明哲主动降薪, 2007年6600万元2008年0元」, 『新快网』, 2009 http://epaper.xkb.com.cn/view/381204 (2014.8.27. 최종방문).

5· 经济参考报, 「金融業報酬亂象: 高管員工相差百倍」, 『腾讯财经网』, 2014 http://finance.qq.com/a/20140901/001751.htm (2014.8.27. 최종방문).

치중하였고, 중국 실정에 대한 분석과 개선안에 있어서는 과다보수를 통제하기 위하여 외국의 주주발언권, 지급보수 환수정책 등 제도를 도입하자는 의견도 제기되었다.

이상과 같은 배경 하에서 본 논문은 우선 중국 상장회사의 임원보수 실무데이터를 통하여 중국 상장회사의 실제 임원보수 수준을 파악하고, 현행의 결정, 구조, 공시 및 적정성 관련 임원보수 법률규정이 과연 적절한지를 검토한다. 또한 관련 입법 또는 실무에서 존재하는 문제점을 분석한 후, 선진국의 경험을 토대로 과다하거나 또는 부족한 임원보수의 문제를 해결하기 위한 바람직한 개선방안을 모색하고자 한다. 즉 아래와 같은 물음에 대한 대답을 탐구하려는 것이 이 논문의 목적이다.

①과연 중국 임원보수는 과다한가?

②한도의 규제 등 현행법은 임원보수의 적정성을 확보할 수 있는가?

③주주발언권 등 제도의 도입은 중국의 실정에 부합하는가?

④과연 중국임원보수제도의 문제점은 무엇이며 해결방안은 무엇인가?

02

임원보수 규제의 기초이론

제1절 개념의 확정

I. 임원

임원에 대하여 일반적으로 통용할 수 있는 용어정의는 아직 없다. 각 나라 또한 임원에 대한 범위가 다르다. 예컨대, 미국의 경우 임원officer은 보통 업무집행임원으로서 사장president, 부사장vice-president, 총무secretary 및 재무treasurer를 말하고,[1] 일본에서 회사법상 임원은 이사(사외이사 제외), 감사(사외감사 제외), 집행임원執行役, 사외임원社外役員 등을 지칭한다.[2] 한국 상법상 임원은 이사(사내이사와 사외이사)와 대표이

1. 김동근, 「기업의 임원보수 규제에 관한 고찰」, 『법학논고』 제38집, 2012. 345~346쪽.
2. 김환일, 「일본 임원보수의 공시 규제에 관한 연구」, 『기업법연구』 제25권 제1호, 2011, 218쪽.

사, 감사 등으로 호칭되나 실제 기업내부의 임원 인사관리에 있어서는 회장, 부회장, 사장, 전무, 상무 등으로 직급, 직책 등을 구분하여 호칭되며 관리되고 있다.[3]

중국의 경우, 임원에 관하여 주로 "고급관리인원高管"이라는 표현을 사용하며, 여러 법 규정에서 고급관리인원에 대하여 규정하고 있지만 그 범위가 일치하지 않고 명확하지 않다.

예컨대, 〈중화인민공화국 회사법〉(2013년 개정, 이하 <회사법>) 제216조에서는 "고급관리인원은, 회사의 경리,[4] 부경리, 재무담당자, 상장회사 이사회비서 및 회사 정관에서 정하는 기타 인원을 말한다"고 규정하였고, 2009년 12월 28일자에 개정한 〈중앙기업담당자 경영실적평가 잠정방법中央企業負責人經營業績考核暫行办法〉[5] 에서는 국유기업의 고급관리인원은 이사장, 부이사장, 이사, 총경리 및 국유자산 감독관리위원회 당위원회에서 관리하는 부총경리, 총회계사를 포함하여야 한다고 규정하였다.

이와 같이 중국 회사법에서는 회사의 일상 경영관리에 참여하는 자를 고급관리인원이라 하였고, 〈중앙기업담당자 경영실적평가 잠정방법〉에서는 넓은 의미에서 "기업담당자"의 표현으로 회사법 상의 고급관리인원 외에 이사도 함께 포함시켰다. 법적으로 볼 때, 중국 회사법은 이사회에 대하여 업무결정권과 업무집행권을

3· 주6.

4· 한국의 지배인의 개념과 유사하다.

5· 제2조: "본 방법에서 평가하는 중앙기업담당자는 국무원의 권한위임을 받은 국유자산 감독관리위원회에서 출자자의 직책을 이행하는 국가출자기업의 아래 인원을 말한다: 1.국유독자기업의 총경리, 부총경리, 총회계사; 2.국유독자회사의 이사장, 부이사장, 이사(외부이사와 직원이사는 포함되지 않음), 국유자산 감독관리위원회 당위원회에서 관리하는 총경리, 부총경리, 총회계사; 3.국유자본지분지배회사(國有資本控股公司)의 국유지분대표가 부임한 이사장, 부이사장, 이사, 국유자산 감독관리위원회 당위원회에서 관리하는 총경리, 부총경리, 총회계사."

부여하였고, 실무적으로는 이사가 경리를 겸임하거나 이사 개인이 이사회의 결의를 집행하고, 회사의 구체적인 업무를 집행하는 경우가 많다.

따라서 본문에서는 편의상 경리, 부경리, 재무담당자, 이사회비서 등 직접 회사의 경영관리에 참여하는 인원을 고급관리인원이라 하겠고, 임원은 고급관리인원 및 이사, 감사를 포함하는 넓은 의미로 사용한다.

Ⅱ. 임원보수

임원보수의 범위에 관하여 중국 회사법은 통일된 정의를 내리지 않았다. 중국 인력자원과 사회보장부, 중앙조직부, 감찰부, 재정부, 감사부, 국가자산 감독관리위원회 등 6부 · 위원회에서 공표한 〈중앙기업 담당자 보수관리를 가일층 규범화하는 지도의견关于进一步规范中央企业负责人薪酬管理的指导意见〉(2009년)에서는 기업담당자의 보수는 주로 기본연봉, 성과연봉, 중장기 인센티브수익 3부분으로 구성된다고 규정하였다. 은행감독관리위원회에서 규정한 〈상업은행 온정보수 감독관리지침商业银行稳健薪酬监管指引〉(2010년 2월 공표, 銀監發[2010]14號)의 제2조에서는, 보수는 "직원이 제공하는 서비스와 기여貢獻를 취득하기 위하여 제공하는 보수 및 그 관련 지출을 말하고, 기본급여, 성과급여, 중장기 인센티브, 복지성 수익 등 화폐와 非현금성 각종 권익성 지출이 포함된다"고 규정하였다. 동법 제5조에 따르면 보수의 구조는 고정급여, 가변급여, 복지성 수익 등으로 구성되고, 고정급여는 기본급여를 말하고, 가변급여는 성과급여와 중장기 각종 인센티브를 포함하며, 복지성 수익은 보험료, 주택적립금住房公積金 등을 포함한다.

학설 역시 비슷한 해석을 하고 있다. 회사법 학자 施天濤는 "관리보수"의 개념으로, 관리보수는 회사가 그 관리자에게 지불하는 보수이고, 통상적으로 급여, 스톡옵션과 기타 인센티브 보수 등으로 표현된다고 해석하였다.[6] 임원의 보수에 대하여 더 넓게 해석하는 견해도 있다. 陳思明의 견해는, 보수를 일종 집합의 개념으로 해석하여, 물질적 수익과 정신적 수익을 포함하고, 구체적으로 기본급여, 성과급여, 단기 및 장기적인 인센티브 급여 등 금전적인 수익과, 복지와 서비스 등 非금전 · 물질적인 수익 및 안정감, 성취감, 직무만족도, 직업훈련, 진급발전기회, 양호한 조직 환경 등 정신적 수익 등 형식으로 구성된다고 한다. 또한 복지와 서비스는 점차적으로 보수의 주요형식으로 되고 있고, 구체적으로는 직원이 누리는 근무보호시설, 의료보험, 양로보험, 생명보험 등 보장, 주택 · 교통 · 교육 등 수당, 유급휴가, 직원식당, 회사에서 제공하는 교통수단과 오락시설, 자문서비스, 가족복지 등이 포함된다.[7]

구체적인 형식의 표현은 상이하나 임원의 직무집행에 대한 대가를 의미하는 점에서는 동일하다. 이에, 본문에서 임원의 보수는 그 직무와 관련하여 회사가 지불한 대가로서 봉급, 급여, 수당, 상여금, 퇴직위로금, 스톡옵션, 주택비용 등 명칭여하를 불문하고, 정기적으로 지급하는지 여부, 대가의 지급을 명시하였는지 여부를 불문하고 모두 포함하도록 한다.

6· 施天涛, 『公司法论』, 北京法律出版社, 2005, 496쪽.

7· 陈思明, 『现代薪酬学』, 立信会计出版社, 2004, 17~19쪽.

제2절
임원보수의 기초이론

I. 대리인이론

임원보수에 관한 기초이론 중, 가장 많이 언급되는 이론은 대리인이론代理理論이다. 20세기 60년대 이래 현대기업의 규모의 확대, 지분의 분산에 의하여, 회사 주주의 회사에 대한 지배는 점차 약화되고, 경영진은 점차 회사의 실제 경영권을 장악하게 되었다.[8] 이는 현대회사제도의 발전과, 기업의 소유와 경영의 분리에 의한 결과이다. 즉, 기업의 실무에서, 현대회사제도가 갖고 있는 기업의 소유와 경영이 분리된 점으로 인해, 기업의 소유자인 주주와 경영자 간에 위임대리관계가 형성되며, 그 중 위임인은 주주이고, 대리인은 경영자이다. 그들의 관계는 일종 계약관계이다. 이 계약관계에 의해 회사의 주주는 여전히 회사에 대한 소유권을 갖고, 회사 경영자는 회사의 재산과 회사사무에 대한 관리권을 갖는다.

단, 대리관계에서는 정보의 불완전성(격차)으로 인하여 도덕적 해이와 역선택逆選擇 문제가 발생할 수 있다.[9] 우선, 대리인은 항상 위임인의 이익극대화를 목표로 하지는 않는다. 주주와 경영인 간의 이익은 종종 일치하지 않는 경우가 있다. 주주는 그가 투자한 자본의 가치가 최대한 증가할 것을 바라고, 경영인은 더 많은 직무소비 또는 더 강한 지배권을 행사하는 등 자신의 이익의 극대화를

8· 王国顺, 『企业理论: 契约理论』, 中国经济出版社, 2006, 15쪽.

9· 王文成, 「上市公司高管薪酬的法律规制」, 西南财经大学 석사학위논문, 2008, 22쪽.

희망한다. 또한 이 계약관계에서 주주는 경영인의 행위(경영)와 결과(경영실적 등) 모두가 아닌, 그 "결과"만 볼 수 있고, 경영인의 "행위" 또한 "결과"의 유일한 결정요소가 아니기에, 그 "결과"를 놓고 볼 때 주주는 경영인의 행위로 인한 결과인지 아니면 자연적인 결과인지 판단할 수가 없다. 이때, 경영인은 이 정보의 불완전성을 이용하여 자신의 이익을 도모함으로써 주주의 이익과 어긋나는 행위를 할 수 있고 또 그에 대한 불리한 결과를 책임지지 않을 수 있다. 즉, 경영인은 정보의 격차로 인해 주주의 감시의 결여를 이용하여 대리인의 권리를 남용하는 방식으로 주주의 이익보다는 자신의 이익을 추구하거나 태만의 도덕적 해이문제가 발생할 수 있다. 또한 주주와 경영자 간의 정보격차로 인하여, 주주는 부적격자나 무능력자를 경영인으로 선임할 가능성이 있다. 위임인은 경영자에게 사전에 예정한 급여를 지불한다. 인력시장에서 경영인은 위임인과 계약 체결 시에, 자신이 갖고 있는 정보우세를 이용하여 자신에 불리한 정보를 은닉할 수 있다. 따라서 주주는 당시 자신이 보유하고 있는 정보에 따라 경영인에 대하여 판단하기 때문에 역선택을 할 가능성이 존재한다.

Jensen & Meckling은 주주와 경영인의 위 대리문제는 궁극적으로 경영인이 주주이익을 대가로 자신의 이익을 도모하는 행위를 초래할 수 있다고 지적하였다. 이에, 위임인은 위 대리문제가 발생하지 않도록 일정한 비용을 지불한다. 즉 대리인비용이다. 대리인비용은 구체적으로 아래 3가지로 나뉜다. 첫째, 감시비용, 즉 위임인이 계약 또는 인센티브 제도를 통하여 대리인의 회사경영업무에서의 결정오류를 통제하는데 부담하는 각종 감시비용. 둘째, 보증비용, 즉 대리인이 위임인으로 하여금 대리인이 내린 결정이 주주의 최대이익을 목표로 함을 증명하기 위하여, 위임인에게 우임인에 불리한 행위를 하지 않겠다는 것을 보증하는 데 발생하는 각종 비용. 셋째, 잔여손실residual loss, 즉 상기 비용이 지출되었음에도 대리인으로 인해 발생한 위임인의 재산손실.[10] 대리인비용은 특수한 거래비용이다. 임원보수제도는 위임인의 이익을 최대화하면서 대리인비용을 가능한 한 감소하기 위한 제도이다.

Ⅱ. 인적자본이론

인적자본이론人力資本理論은 미국의 저명한 경제학가 슐츠가 주장한 이론이다. 슐츠는 1960년 "인적자본투자"에 관한 강연에서 "인간의 지식, 기능, 건강 등 인적자본의 제고가 경제발전에 대한 기여는 물질자본, 노동력 수치의 증가보다 훨씬 중요"하고, "인적자본은 인적자원에 대한 투자로 노동자에게서 나타나는 체력, 지력과 기능이며, 다른 형식의 자본으로서, 물질자본과 함께 국민재부財富를 구성한다"고 하였다.[11]

경영인은 지식, 기술과 관리능력 등 모든 방면에서 일반 직원과 다르다. 따라서 경영인의 인적자본은 전문성과 이질성異質性을 갖고 있으며, 이러한 특성은 주로 상대적으로 높은 교육수준과 특수 훈련에서 온다. 그 외, 경영인의 인적자본은 高위험성과 高수익성에서도 나타난다. 기업내부에서, 경영인의 직무는 강한 자주성을 띄

10 王文成, 앞의 논문, 23쪽.

11 林忠, 金延平, 『人力资源管理[M]』, 东北财经大学出版社, 2006, 4쪽.

어 이에 대하여 감시하기 어렵고, 그 가치를 실현하는 데는 상당히 긴 시간을 필요로 하기 때문에 높은 리스크를 갖고 있다. 그러나 경영인은 회사자원의 지배권과 경영상의 결정권을 갖고 있기에 기업의 경영실적에 대하여 큰 영향을 미치는바, 일반 인적자본에 비하여 더 높은 수익성을 나타내기도 한다.[12]

인적자본의 소유권은 경영인에게 있고, 인적자본의 특성상 사용과정에서 일정한 인센티브를 필요로 한다. 따라서 기업의 소유자는 유효한 임원보수제도를 제정하여 인적자본의 高위험성을 억제하고 高수익성을 촉구하여야 한다.

Ⅲ. 인센티브이론

현대회사의 소유와 경영의 분리에 의해 위임대리관계가 발생하였고, 이에 관한 회사 경영자의 규제에 대하여 경제학자들은 탐구를 그치지 않았다. 최초에는 회사 경영자에 대한 감시시스템으로 이를 규제하고자 하였으나, 경영자는 회사에 대한 지배관리로 인한 정보우세로 감시에서 벗어나는 경우가 많았고, 회사에 있어서 감시비용 또한 적지 않았다.

이에, 일부 경제학자들은 회사경영자와 주주의 이익을 일치시킬 경우, 위임대리관계에서 발생하는 대리문제를 해결할 수 있음을 발견하였다. 즉, 사람은 자신의 수요로 인해 내부긴장감을 야기하고, 행위의 동기가 생기며, 행위선택을 통하여 자신의 목표를

---

12. 宋晶, 『国企高管薪酬制度改革路径与模式研究』, 经济科学出版社, 2013, 14~15쪽.

실현하고, 수요를 만족시킨다. 인센티브이론은 바르 목표, 장려, 참여 등 수단을 통하여 개인의 행위선택과 결과의 피드백을 하여, 개인의 행위가 자신의 목표를 실현하는 동시에 조직의 목표도 실현하는 것이다. 이러한 내적동기, 수요 및 환경의 자극으로 다양한 인센티브이론激勵理論, Maslow's hierarchy of needs, Two Facto Theory, Equity Theory, Expectancy Theory가 형성되었다.[13]

현재, 자본시장의 발전과 더불어, 많은 주주가 회사주식 또는 실적을 기준으로 대리인인 임원에 대하여 규제와 격려를 하고 있다.

Ⅳ. 최적계약이론

동 이론은 대리인이론의 연장이다. 최적계약이론最優契約理論에 의하면, 우선 계약은 임원을 유치하기 위하여 임원에게 제공하는 이익이 그 유보가치 이상이어야 한다. 아울러, 이성적이고 이기적인 양 당사자가 거래할 경우, 그들의 계약은 저효율적인 조항을 피하는 경향을 지닌다. 예컨대, 고용계약은 세무혜택을 향수하는 보수형식을 취하게 되어 양 당사자의 공동의 부를 늘리고, 불필요한 세무비용이 발생하는 보수형식을 피하게 된다. 나아가, 공평거래모형 하에 보수계획을 고찰할 경우, 금융경제학자들은 저효율적인 조항은 이해할 수 없는 조항이라고 생각하며, 이 조항들이 궁극적으로는 주주의 가치를 극대화할 것이라고 증명하려고 한다.

13· 郭淑娟, 『上市公司高管薪酬激励机制研究』, 企業管理出版社, 2013. 11~13쪽.

그들은 장기적으로는 고효율적인 보수계약이 보수와 실적을 연계하여 임원을 위해 더욱 합리적인 인센티브를 부여할 것이라고 주장한다.[14] 따라서, 보수제도는 대리인비용을 감소하는 중요한 수단이다.

V. 경영자지배이론

경영자지배이론은 미국 하버드법대의 Bebchuk 교수와 Fried 교수가 제기하였는데, 그들은 미국의 경영자보수는 회사 성과와 무관하게 높은데 그것은 이사회의 다수를 점하는 사외이사들이 보수 결정과정에서 역할을 제대로 수행하지 못하기 때문이라고 주장하였다.

사외이사들이 경영자의 보수에 관해서 소극적인 데는 이유가 있다. 먼저 자신을 사외이사로 영입한 사람이 CEO인 경우가 많고, 이사회에서 업무를 수행할 때 CEO와 안면이 없는 사이였다 하더라도 같이 일하는 사이에 인간적으로 가까움을 느낄 가능성이 많다. 이러한 상황에서 CEO의 보수에 엄격한 시각을 유지하기 어렵다. 또한 사외이사들 중 상당수가 다른 회사의 CEO를 맡고 있는 점도 이들의 행동에 영향을 미칠 수 있다. 자신도 보수를 높게 받고 싶은 상황에서 남이 받는 경영자보수를 구태여 깎으려 할 이유가 없을 것이다.[15]

14· Lucian Bebchuk, Jesse Fried, "Pay without Performance—The Unfulfilled Promise of Executive Compensation", Harvard University Press, 2009, pp.15~22.

15· 김건식, 『기업지배구조와 법』, 소화, 2010, 228~229쪽.

VI. 소결

대리이론, 인적자본이론, 인센티브이론, 최적계약이론, 경영자지배이론은 각기 상이한 입장에서 기업관리상 주주와 임원간의 관계를 해석하였다. 하지만 궁극적으로 어느 이론이든 실무에서는 하나의 문제, 대리인비용을 줄이는 기업의 임원보수문제로 귀결될 수 있다.

03
각국의 임원보수제도

글로벌적인 경제 환경의 급속한 변화와 더불어, 기업 간의 경쟁은 더욱더 치열해지고 있다. 임원보수제도는 회사지배구조의 중요한 한 내용으로서 특히 2008년 금융위기 후 많은 논란이 제기되었고, 이번 금융위기를 경험하면서 세계 각 나라는 임원의 보수 지급에 대한 적극적인 규제를 시도하였으며 또한 많은 연구가 이루어지고 있다. 이에 중국 상장회사의 임원보수제도를 논하기에 앞서, 우선 시장경제가 발달하였고 대표성이 있는 미국, 독일, 일본, 한국 등 세계 주요 선진국의 임원보수제도의 주요내용을 비교하여 살펴보도록 하겠다.

제1절 미국의 임원보수제도

I. 미국의 회사지배구조

우선 미국의 공개회사의 지배구조를 간단하게 살펴보면, 미국의 공개회사는 일반적으로 주식소유가 분산되어 있고, 이사회를 구성하는 이사는 주주총회에서 선임되며, 이사회는 회사경영을 담당할 CEO 등 임원을 선임한다.[1] 이사회는 회사의 일상 업무집행에 직접 참여하지 않고 주요 사항을 결의하는 형식으로 회사의 업무관리에 참여 및 지시한다. 이사회의 주된 임무는 회사 및 주주의 이익을 위하여 임원을 감독하는 것이다. 즉, 미국은 회사업무의 관리를 2개 방면으로 나누어, 임원은 회사업무의 집행을 책임지고, 이사회는 회사의 경영감독기관으로 역할을 담당한다. 이사회는 감독기능의 독립성과 유효성을 강화하기 위하여 일반 이사회 내에 다시 집행위원회executive committee, 감사위원회audit committee, 보수위원회compensation committee, 지명위원회nominating committee, 재무위원회finance committee, 공공의제위원회public issue committee 등 전문위원회를 설치하고, 그 구성원은 대부분 회사의 경영진과 이해관계가 없는 사외이사outside directors로 구성된다.[2]

1· 임재연, 『미국기업법』, 박영사, 2009, 432쪽.

2· 施廷博, 「上市公司高管薪酬监管法律制度研究－美国法的考察和我国的借鉴」, 華東政法大學 박사학위논문, 2012, 111쪽.
미국 〈델라웨어주회사법〉 141(c)조에서는 이사회가 각종 전문위원회를 설치할 수 있다고 명확하게 규정하였다. 미국 〈모범회사법〉 8.25조에서도 회사정관 또는 정관세부규칙에서 별도의 규정을 둔 경우를 제외하고, 이사회는 1개 또는 몇 개의 전문위원회를 설치할 수 있고, 1명 또는 수명의 이사회 구성원을 위원회의 구성원으로 파견할 수 있다고 규정하였다. 각 전문위원회는 이사회, 회사정관, 또는 정관세부규칙에서 정한 범위 내에서 관련 관리 직권을 행사하여야 한다.

Ⅱ. 임원보수의 결정

미국의 대부분의 주제정법은 이사회에 이사의 보수를 정할 권한을 부여한다. 이러한 제정법의 경향에 맞추어, 법원도 제정법에 보수에 관한 규정이 없는 경우에, 이사의 보수청구권이 인정된다고 판시하거나, 회사가 주주총회나 부속정관bylaws에 의하여 이사의 보수를 정해야 한다고 판시하거나 기본정관이나 주주총회는 수시로 이사회에 이사의 보수를 결정할 권한을 위임할 수 있다고 판시하였다.[3] 미국의 주 회사법상 경영자인 임원의 보수결정권한은 원칙적으로 이사회에 있다. 공개회사에서는 증권거래소의 상장규칙에 의해 독립된 이사로 구성된 보수위원회의 설치를 의무로 하고 있으며, 보수위원회에서 임원의 보수를 결정하거나 또는 독립된 이사가 결정하도록 의무화되어 있다.[4]

단, 실무에서 발생하는 문제점은 보수결정과정에 주주의 의견이 반영되지 않는다는 것이다. 임원보수의 결정권자는 원칙적으로 이사회이다. 이를 위해, 대다수의 미국 공개기업의 이사회는 이사회 내의 보수위원회에 특정 임원의 보수계약 내용에 관한 임원보수 보고서executive compensation report를 작성하여 이사회에 보고하도록 하고 있으며, 보수위원회는 외부의 보수전문가compensation consultants가 작성한 보고서와 조언을 토대로 보수보고서를 작성하여 이사회에

---

3. 임재연, 앞의 책, 592쪽.

4. 양만식, 「상장회사의 임원의 보수공시에 관한 고찰」, 『금융법연구』 제10권 제1호, 2013, 602쪽.
보수위원회 구성에 있어서 NYSE 규칙에서는 보수위원회 이사 전원에 대해 독립성을 갖출 것을 요구하고, NASDAQ 규칙에서는 사외이사 과반수 요건을 충족한 이사회 또는 전원 사외이사로 구성된 보수위원회에서 CEO 보수를 결정하도록 요건화 하고 있다.

제출하면 이사회는 통상 이를 승인하는 형식으로 임원보수가 결정된다.[5] 하지만, 현실적으로 보수결정절차에 참여하는 이사들이 기업과 주주의 이익을 우선하여 합리적이고 적정한 임원보수를 결정하는 데에는 지배구조상의 한계가 존재한다. 즉, 현행 지배구조상 CEO가 보유한 이사후보지명권[6]으로 인해 이사들은 친경영진 성향을 가질 수밖에 없으며, 고액임원보수결정의 대가로 이사들은 고액의 이사보수를 보장받을 수 있으며,[7] 그 외, 이사 지위에 수반되는 각종 이익으로 인해 이사회 이사들은 임원들과 상호 협력적 유대관계를 유지할 수밖에 없다.[8] 아울러 이사회 이사들은 주주제안거부권[9]을 가진 점과, 현행 제도 하에 주주는 사실상 이사를 파면하기가 상당히 어려운[10] 점으로 인해, 이사가 임원과 유대관계를 유지하는 비용은 상당히 적다.

5· 일반적으로 이사회는 임원보수에 대하여 보수위원회로부터 권고를 받아 정하거나 보수위원회가 이사회로부터의 권한위임을 받아 이를 결정한다. 한편 현재 미국의 공개회사에서는 보수자문기관이 설정한 보수계획을 보수위원회가 그대로 이용하고 있는 경우가 대부분이라고 한다. 서세원, 「미국 판례법상 임원보수정책에 대한 규제」, 『법과 정책연구』 제7집 제2호, 2007, 615쪽.

6· 보수위원회에 관해서는 다수의 사외이사를 요구하는 규정이 있지만, 지명위원회에 관해서는 그렇지 않다. 실무적으로 CEO는 지명위원회의 위원으로 있는 경우가 많고, 지명절차에 관하여 가장 중요한 심지어 결정적인 영향력이 있다. 따라서, 이사는 연임에 성공하는 경우가 많고, 주주가 자신이 원하는 기타 후보를 선임하기는 상당히 어렵다. Lucian Bebchuk, Jesse Fried, "Pay without Performance－The Unfulfilled Promise of Executive Compensation", Harvard University Press, 2009, pp.23~26.

7· 관련 연구에 의하면 CEO의 보수가 높은 회사의 경우 그 이사의 보수도 높은 것으로 나타났다. Lucian Bebchuk, Ibid, pp.23~44.

8· 문상일, 「집행임원제도하의 임원보수 규제방안－미국 경기부양법상의 임원보수 제한규정을 중심으로」, 『법학논총』 제27집 제1호, 2009, 52~53쪽.

9· 델라웨어주를 포함한 대다수 미국주법상 회사는 주주제안사항에 대한 광범위한 거절사유가 인정되고, 특히 주주제안의 내용이 이사후보자추천에 관한 것인 때에는 명문으로 회사가 이를 거절할 수 있도록 허용되고 있어, 실제 주주제안권을 행사하여 주주들이 원하는 이사후보를 주주총회 안건으로 상정할 수 있는 길이 사실상 사전에 봉쇄되어 있다.

10· Lucian Bebchuk, Jesse Fried, op. cit, pp.201~216.

Ⅲ. 임원보수의 구조

미국의 경우, 임원보수는 단일한 현금 또는 비현금보수의 형식을 취하지 않고 전체 보상total compensation 또는 보수패키지compensation package의 형식을 취한다. 구체 내용은 회사별로 상이한데, 통상적으로는 주로 기본급base salary, 연간 성과급annual bonus, 각종 복지(생명, 산업재해, 의료 등 보험), 스톡옵션, 양도제한 조건부 주식restricted share, 부수입perquisites, 주식평가권stock appreciation rights(SARs), 가상주식phantom stock 등이 있다.[11]

Ⅳ. 임원보수의 공시

햇빛은 가장 강력한 방부제라는 브랜다이스 대법관의 명언처럼 임원의 보수를 통제하는 가장 긍정적이고 효율적인 방법은 임원의 보수를 공시할 것을 의무화하는 것이다. 그 이유는 다음과 같다. 첫째, 권리남용을 방지하여 자기거래의 실제 발생을 억제한다. 둘

11· 戴少刚, 「上市公司高管报酬之法律规制美国经验及其比较借鉴」, 清華大學 법학석사학위논문, 2007, 14쪽.
스톡옵션-자사주식을 일정기간 경과 후 특정한 가액(행사가액)으로 매입(행사)할 수 있는 권리.
양도제한 조건부 주식-일정기간 경과 후까지 양도(처분)하는 것을 금지하는 조건을 붙여 무상양도하고 그 기간 내에 사망 등 기타의 이유로 회사와의 고용계약이 종료한 경우 그 주식을 회사에 반환하는 것.
주식평가권-당해 권리를 부여한 날로부터 장래 그 권리가 행사된 날까지의 주가상승분을 현금이나 자사주로 수령할 수 있는 권리.
가상주식-주식을 지급한 것으로 간주하여 장래 그 권리가 행사된 때에는 그 날의 주가에 상당하는 현금을 보수로 지급하는 것.
서세원, 「미국판례법상 임원보수정책에 대한 규제」, 『법과 정책연구』 제7집 제2호, 2007, 616쪽.

째, 임원의 책임감을 강화한다. 셋째, 보수제도의 공시는 주주가 임원보수에 관한 정보를 취득하는 비용을 줄인다. 나아가, 주주의 파생소송의 비용을 감소하여 임원의 보수형성을 어느 정도 개선한다. 넷째, 보수정책의 공시는 보수결정절차를 개선하는 데에 도움이 된다.

미국 현행법에 따르면, 상장회사의 최고집행임원PEO과 최고재무임원PFO은 그 보수수준을 불문하고 공시의무의 적용을 받고, 그 외에 추가로 해당 사업연도 말까지 집행임원인 고액보수 상위 3명에 대해서도 공시의무가 부과된다. 단, 이들은 연봉 10만 달러를 초과하는 보수를 받는 경우에 국한된다.[12]

공시내용의 핵심사항[13]은 다음과 같다:

①표를 통한 명료한 공시

SEC는 1992년부터 표와 그래프에 의한 명료한 공시를 도모해 왔다. 보수 내역이 표준화된 양식인 '보수요약표summary compensation table'와 보수의 유형별 표에 의해 공시된다. 여기에는 각 임원별로 지난 3년간 지급받은 보수 내역이 보수유형별로 기록되어야 한다. 지급받은 보수가 없으면 표를 생략하거나 표의 일정란을 생략하여도 된다.

②보수표에 대한 설명

보수요약표와 보수유형별 표에 기재된 정보를 이해하는 데 필요한 사항에 관해 설명하여야 한다. 여기에는 임원의 고용계약 조건, 옵션가격의 재조정, 지급예상액을 결정하는 데 사용한 수식이

12· 최문희, 「임원의 개별보수 공시제도의 개요와 개선과제」, 『BFL』 제60호, 2013, 93쪽.
13· 최문희, 위의 논문, 92~93쪽.

나 기준에 대한 설명, 옵션의 행사 계획, 봉급과 보너스의 전체 보수에 대한 비율이 포함된다.

③보수위원회의 보고서

보수 산정의 기준과 절차를 주주에게 설명하는 보수위원회 보고compensation committee report가 있어야 한다. 회사의 보수 정책, 보수 항목, 항목별 산정방법이 기재된다.

④업적대비 보수공시와 보수 관련 토론 및 분석

'보수에 관한 토론 및 분석'Compensation Discussion and Analysis(CD&A)에 관해 기재하여야 한다. 그 목적은 임원에게 제공된 보수에 관한 정책 및 판단을 이해하는 데 필요한 실질적 정보를 제공하기 위함이다. 보수에 관해 수치로만 표시하는 것으로는 충분치 않고, 보수 정책과 목적을 말로 풀어서 설명하여야 한다. 보수가 업적과 무관하게 지급되지 않도록 하기 위해 이사회나 보수위원회는 전년도에 지급된 보수와 관련하여 회사의 성과와 보수의 관계에 관해 검토하여야 한다.

V. 임원보수의 적정성

1. 법원의 통제

미국법상 보수에 관한 정책도 기본적으로는 통상의 경영활동의 일환으로 결정되므로 이에 대한 결정은 원칙적으로 경영판단원칙business judgment rule에 의하여 보호받아야 하고 사법심사의 대상이 되지 않는다. 즉, 이해관계 없는 이사나 주주들이 정보의 완전공개하에 성실하게in good faith 보수계획을 승인 또는 추인을 한 경우에는 법원도 그 유효성을 인정한다.[14] 단 보수가 과다하게 책정될 경우, 주주는 주주대표소송을 제기할 수 있다.

법원은 과다보수를 판단함에 있어서, 임원에게 지급될 보수의 적정성을 판단할 명확한 기준을 설정하는 데 어려움이 있으므로, 보수의 과다성에 대하여 사기, 불성실, 억압, 과다성과 불합리성, 회사자산의 훼손 등 다양한 표현을 사용하면서, 이사들은 보수를 결정할 때 정직하고 합리적이어야 한다거나, 과다한 보수를 지급함으로써 회사자산을 훼손하면 안 된다거나, 보수는 제공된 용역의 가치와 합리적인 관계가 있어야 한다거나, 회사의 지급능력한도 내이어야 한다거나, 공정성과 합리성에 대한 법원의 심사를 받아야 한다는 등과 같이 판시하였다. 다만, 일반적으로는 이해관계 없는 이사회 승인에 대하여는 경영판단원칙을 적용하고, 이해관계 있는 이사회의 승인에 대하여는 훼손 기준waste test을 적용한다.[15]

경영판단을 적용한 판례는 디즈니사례[16]가 있는데, 동 사건에서는 주주가 이사회를 상대로 주의의무 위반을 주장하였으나, 법원은 비록 위원회 토론에 관한 기록의 결여, 위원회의 일부 구성원만 계약내용을 본 점, 외부전문가가 회의에 참석하지 않은 점 등

14· 임재연, 앞의 책, 603쪽.

15· 임재연, 앞의 책, 604~606쪽.

16· 마이클 아이스너 전 회장은 1995년에 프랭크 웰즈 사장이 헬리콥터 사고로 사망하고 자신이 갑작스런 심장 수술을 받게 되는 등의 악재를 겪은 후, 마이클 오비츠를 사장으로 영입한다. 아이스너 회장과 25년 지기였던 오비츠는 헐리웃 최대의 에이전시를 경영하는 영화와 음악에 관계된 미국 최대의 거물이었는데, 오비츠의 연봉은 2,360만 달러, 퇴직보상금은 1억 4천만 달러로 하였다. 오비츠는 불과 1년 2개월 만에 아이스너에 의해 해임되었고 디즈니 사장직에서 물러나면서 천문학적인 퇴직금을 수령하였다. 이에 회사의 주주들이 아이스너 회장과 회사의 이사들을 상대로 8년간에 걸친 소송을 벌였다. 김화진, 『기업지배구조와 기업금융』, 박영사, 2012, 367쪽.

하자가 존재하나, 위원회는 그 전의 계약심사에서 이미 관련 정보를 지득하였고, 법률 또한 외부전문가가 반드시 회의에 참석하는 방식으로 자문을 받아야 한다는 규정이 없으며, 보수위원회가 보수결정문제에서 독립성을 구비하였고, 이사회 또한 보수위원회의 권리행사 상의 하자를 발견하지 못하였고 상응한 감시의무를 이행하였다는 이유로 원고의 주장을 들어주지 않았다.

훼손 기준 또는 회사자산낭비에 관하여, 부적절한 보수지급은 회사자산을 부당하게 사외 유출시키는 것으로 볼 수 있다. 델라웨어주법에서는 이를 "회사자산낭비"의 문제로 보아 판례법리를 전개하여 왔다. 그에 관한 첫 법리가 균형기준이론인데, 이는 회사임원이 받은 보수와 회사가 얻는 대가와의 균형에 착안한 판례이론이다. 이 균형상태를 초래하는 상황이 있음을 합리적으로 예측할 수 있을 것 및 회사임원이 받은 보수와 회사가 얻은 이익과의 사이에 합리적인 관계가 있음을 요건으로 하여 보수의 적절성을 판단하는 것이므로, 합리성기준이론이라고도 한다. 그 후, 훼손 기준이론으로 바뀌게 되었는데, 이는 균형기준이론과 달리 통상의 건전한 경영판단력을 갖는 자person of ordinary sound business judgment 전원이 회사가 얻는 대가는 당해 회사가 지급할 보수에 적절한 가치가 아니라고 판단하는 경우에 한하여 당해 보수를 회사재산의 낭비 또는 훼손이라고 하는 판례이론이다. 단, 이런 "훼손"을 입증할 수 있는 사건은 거의 존재하지 않는다.[17] 현재 미국에서는 학자 차원에서 법원의 입장에 대한 비판이 증가하고 있으며, 이전의 균형기준이론이 일부 재조명되고 있다고 한다.[18]

17· Lucian Bebchuk, Jesse Fried, op. cit, pp.45~47.

2. 한도에 대한 통제

민주당 하원 의원 Martin Sabo는 1991년부터 그가 은퇴하는 2006년까지 매년 공개회사의 모든 임원의 보수 중 그 회사직원의 최저임금의 25배를 초과하는 부분(급여와 보너스)에 대하여 법인세 산정 시 손금산입을 금지하는 의안을 제출하였으나 한건도 표결에 이르지 못하였다고 한다.[19]

현재 미국의 임원보수에 대한 세법규제는 〈내국세법전〉 162조인데, CEO와 기타 4명의 수입이 가장 높은 집행임원의 100만 달러를 초과하는 부분의 보수는 손금산입을 금지하는 내용이다. 단, 임원의 보수가 회사경영실적과 관련될 경우, 이 100만 달러의 손금산입 금지규제를 받지 않는다. 회사의 경영실적목표는 엄격한 절차를 거쳐 보수위원회에서 제정한다.[20]

더 나아가, 2008년 구제금융법EESA(Emergency Economic Stablilization Act, 2008년)에서는 TARPTroubled Asset Relief Program 지원을 받는 금융회사에 한하여 손금산입한도를 50만 달러로 하향조정하였고, 2009년 경기부양법ARRA(American Recovery and Reinvestment Act, 2009년)에서는 규제대상의 범위를 TARP 지원을 받았거나 장래 지원받을 금융회사로 확대하였다. 또한 TARP 대상기업은 기업의 CEO 및 그 외 보수총액 상위 5인의 임원에게는 TARP 기간 중 퇴직형 보수golden parachute(황금낙하산)의 지급이 일체 금지된다.[21]

---

18. 서세원, 앞의 논문, 622~631쪽.
19. Stuart Lazar, "The Unreasonable Case For a Reasonable Compensation Standard in the Public Company Context: Why It is Unreasonable to Insist on Reasonableness", *59 Buffalo Law Review 955*.
20. 陈慧婷, 「企业高管薪酬的税收调控机制研究」, 暨南大学 석사학위논문, 2011, 21쪽.

3. 주주발언권(say on pay)

앞서 언급하였다시피 미국의 임원보수의 결정과정에서 결정권은 원칙적으로 이사회에 있기 때문에 주주는 보수의 결정에 참여할 수 없다. 이에, 주주의 의견을 반영하고자 미국은 주주발언권제도를 도입하였다. 처음으로 이 제도를 제정한 나라는 영국인데, 2002년 이사의 보수 보고규정Directors' Remuneration Report Regulations 2002은 영국에서 설립되어 영국 또는 모든 외국의 주요한 증권거래소에 상장된 기업에 대하여 매년 그 경영진의 보수에 대해서 주주의 권고적 투표를 하도록 하였다.[22] 미국은 2008년 EESA에서 원조금액에 따라 주주발언권제도의 도입을 선택적으로 의무화하였는데 ARRA는 모든 TRAP 대상기업에 대하여 주주발언권을 의무화하였다.[23] 2010년 5월 20일에 통과된 미국 금융안정법Restoring American Financial Stability Act of 2010은 미국증권거래법 Section 14A를 신설하여 모든 상장회사를 대상으로 주주발언권 도입을 의무화하였다. 이에 따르면 SEC의 Regulation S-K Item 204의 임원보수공시요건에 따라 정해진 지정집행임원named executive officers의 보수에 대해서는 매년 주주총회에서 주주들의 승인을 얻도록 하고 있다. 동법은 구속력과 관련하여 단지 권고적advisory 효력밖에 없으며, 주주의 승인여부에 대한 주주투표의 결과가 이사회의 임원보수결의 효력에 대해 어떠한 영향력도 미치지 않음은 물론 추후 이로써 이사에게 신인의무 위반책임을 묻는 근거도 될 수 없음을 명시하고 있다.[24] 하

21· 李荣,『公司高管薪酬法律规制研究』, 经济管理出版社, 2013, 143쪽.

22· 김동근,「기업의 임원보수 규제에 관한 고찰」,『법학논고』 제38집, 2012, 353쪽.

23· 문상일, 앞의 논문, 59쪽.

지만 다수 주주가 반대하는 보수지급안을 집행하는 경우 경영진 임원이나 이사들에 대한 법적 책임문제가 대두될 가능성이 높기 때문에 비록 주주승인권이 비구속적, 권고적 효력만을 가지는 것으로 되어 있지만 사실상의 구속력을 가지는 것으로 보고 있다. 실제 동법 시행 이후 주요 상장기업들의 이사회는 임원보수계획을 수립하는 단계에서부터 주요주주나 기관투자자들과 사전 조율을 거침으로써 주주총회의 승인을 얻을 수 있는 적정한 수준의 임원 보수지급안을 제출하는 것이 보편화되어 있다.[25]

4. 지급보수 환수조항(compensation clawbacks)

엔론사태에서 나타난 임원이 회사회계서류를 위조하여 이익을 도모한 문제에 대하여, SOX법안 제304조에서는 CEO와 CFO의 회계분식행위의 결과가 증권법 등 법에서의 재무보고규정 관련 중대 위반에 해당될 경우, 관련 임원은 회사에 아래 이익을 반환하도록 하였다: ①회사에서 동 재무보고를 최초 발표한 시간 또는 SEC에 보고서를 제출한 시간 중 빠른 시점에서 12개월 내에 회사에서 받은 상여금 및 기타 인센티브형 보수 또는 스톡옵션. ②동 12개월 내에 회사주식을 매도하여 취득한 이익.[26] 이러한 환수제도는 불법행위의 대가로 취득한 보수에 대해서는 징벌적 의미의 환수조치를 통해 임원으로부터 그 이익을 다시 회사로 환급하게 함으로써

24· 문상일, 「미국 금융규제개혁법과 기업지배구조의 변화」, 『YGBL』 제2권 제1호, 2010, 16~17쪽.

25· 문상일, 「이사보수 개별승인제도의 도입필요성에 관한 연구」, 『법학연구』 제24권 제2호, 연세대학교 법학연구원, 2014, 275쪽.

26· 李榮, 『公司高管薪酬法律规制研究』, 经济管理出版社, 2013, 139쪽.

회사와 주주의 권익을 보호하자는 의미도 가진다.

ARRA 제111조에서는 TARP 기간 중 TARP 대상기업이 CEO와 그 외 보수액 상위 20위에 속하는 고액 보수임원들에게 후일 중요 부분에 있어 부정확한 것으로 판명된 회계보고서, 재무제표 또는 성과측정기준에 근거하여 지급한 상여금, 잔류상여금 기타 인센티브형 보수에 대해서는 이를 환수할 수 있도록 규정하고 있다. SOX 상의 환수제도와는 달리 환수대상임원의 범위를 CEO 외 보수액 상위 20인의 임원으로 확대함과 동시에, 임원보수결정의 기준이 된 업무성과측정기준에 중요한 하자가 있는 경우에도 환수가 가능하도록 함으로써 규제효과를 강화하였다.[27] 그 후 미국 금융안정법Restoring American Financial Stability Act of 2010 제954조는 미국증권거래법 Section 10D를 신설하여 SEC에 대해 일정한 요건이 충족되는 경우에 기지급된 보수에 대한 환수정책을 채택하지 않는 기업의 거래소 상장을 금지하는 내용의 상장규칙 제정을 각 거래소에 명할 수 있는 권한을 부여하였다. 이에 따르면, 상장회사가 증권법상의 회계보고 요건의 중대한 위반으로 인해 회계보고서를 재작성하게 될 경우에는 해당 임원의 관련성 여부를 불문하고 기업은 전·현직 집행임원들에게 과거 3년간 지급했던 성과형 보수에 대해서는 이를 환수하도록 의무화하고 있다.[28]

---

27. 문상일, 「집행임원제도하의 임원보수 규제방안–미국 경기부양법상의 임원보수 제한규정을 중심으로」, 『법학논총』 제27집 제1호, 2009, 60쪽.

28. 문상일, 「미국 금융규제개혁법과 기업지배구조의 변화」, 『YGBL』 제2권 제1호, 2010, 18~19쪽.

Ⅵ. 소결

상기 서술을 종합하면, 미국은 단일 이사회제도의 나라로서, 이사회 또는 이사회 내부의 위원회가 임원의 보수를 결정하고, 임원보수 결정에 대한 감독 또는 임원보수의 통제를 위하여 주주의 임원보수 결정에 대한 참여 또는 주주권리를 강화하는 주주발언권 제도를 도입하고, 공시에 대한 규제 및 보수위원회의 제도를 강화하였으며, 임원보수의 한도에 대한 규제, 지급보수의 환급정책 등 제도도 마련하였다. 그 외, 법원에서는 보수의 적정성에 대하여 경영판단원칙을 적용하여 적법성심사에 치중하고 합리성심사에 대하여는 소극적인 경향이 있다.

제2절
독일의 임원보수제도

Ⅰ. 독일의 회사지배구조

독일의 지배구조는 미국과 상이하여 임원보수제도에 있어 또 다른 특징을 띄고 있다. 독일은 대륙법계 회사제도를 모법으로 하는 중층이사회제도[29]를 갖고 있는바, 회사는 구조상 주주총회, 감독이사회,[30] 경영이사회로 구성되고, 주주총회는 감사를 선임하

29· 유럽회사 실행법(SE-Ausfuhrungsgestz)이 2004년에 공포된 이후 독일에서는 유럽회사도 상장기업의 법형태로 선택될 수 있다.

30· 이를 감사회라고도 한다.

고, 감사로 구성된 감독이사회는 이사를 선임하고 경영이사회의 업무집행을 감시하며, 이사로 구성된 경영이사회는 회사의 업무를 집행한다. 아울러, 감독이사회 구성원이 동시에 경영이사회 구성원이 될 수 없는 점이 그 특징이다.[31] 그 외, 독일 주식회사의 감독이사회는 1976년의 공동결정법Mitbestimmungsgesetz에 의거하여 근로자 대표 50%, 주주 대표 50%로 구성된다. 따라서 독일 주식회사의 경영이사회는 주주총회나 감독이사회의 하위기관으로서 경영상의 권한과 의무를 지지만, 의무는 과중한 반면에 권한은 약하다.[32]

Ⅱ. 임원보수의 결정

독일의 임원보수제도에 관한 주요 법률은 현행 〈독일주식법AktG〉, 〈상법HGB〉, 2005년 〈이사보수의 공개에 관한 법률VorstOG〉, 2008년 〈금융시장안전기금법FMStG〉, 2009년 〈이사보수의 적정성에 관한 법률VorstAG〉, 그리고 2002년 〈기업지배구조규범DCGK〉 등이 있다.

관련법에 따르면, 독일의 이사보수의 결정권은 감독이사회[33]에 있다. 독일주식법이 개정되기 전에 이사의 보수결정은 감독이사회의 위원회에 위임할 수 있었으며, 실제로도 인사위원회나 감사회간부회에 위임되었다. 그러나 개정 후, 이사의 임용계약의 보수에

---

31 조지현, 「독일 회사지배구조 기준에 관한 연구」, 『경영법률』 제22집 제1호, 2011, 93쪽.

32 사법연수원, 『독일법』, 사법연수원, 2006, 346쪽.

33 이해관계의 충돌을 막기 위하여 같은 상장회사에서 이사로 근무하던 자는 이사 사직 후 2년간의 취업제한기간 동안에 감사위원회의 임원이 될 수 없다. 단, 그의 선임이 의결권 있는 주식의 25% 이상을 소유한 주주의 제안에 의한 경우에는 그러하지 않다. (주식법 100조)

관한 합의 외에 그에 의한 구체적인 보수결정도 보수액의 단순한 산정을 제외하면 감독이사회 전체에서 이루어지도록 하였다.[34] 감독이사회는 이사의 보수를 각 이사별로 정하여야 하고,[35] 이사의 보수(이익참가, 비용보수지급, 보험료 지급, 수당, 신주인수권과 같은 동기연계형 보수약속 및 모든 종류의 부수급부)를 결정함에 있어서 보수가 이사의 과제와 업적 및 회사의 상황에 적정한 관계에 있도록 하여야 한다.[36]

감독이사회 구성원의 보수는 회사 정관에서 규정하거나 또는 주주총회에서 정할 수 있다. 보수는 감독이사회 구성원의 임무와 회사의 상황에 부합되어야 한다. 정관에서 이미 보수에 대한 규정을 하였을 경우, 주주총회는 다수결로 정관을 수정하여 보수 감액을 할 수 있다.[37]

보수는 장기적인 회사의 발전을 염두에 두어야 한다. 비상적인 상황전개의 경우에는 감독이사회가 제한가능성을 합의할 수 있어야 한다.[38] 가변적인 보수는 능력배양을 위한 동기를 부여하기 때문에 보수의 대부분을 이사의 개인적인 능력과 결부시킬 필요가 있고, 성과와 관련된 이러한 보수의 관념은 금전에 의한 동기부여를 통하여 평균을 넘는 경영진의 능력발휘를 위한 동인動因을 조절하고, 그와 더불어 지속적인 기업경영을 유인할 수 있을 것이다.[39]

34· 독일주식법 107조: 감독이사회는 자신의 행위나 결의를 결정하기 위하여 또는 자신의 결의의 집행을 감독하기 위하여 하나 또는 다수의 위원회를 구성할 수 있으나, 이사의 보수에 관한 결정사항은 그 감독이사회 결의를 하위 위원회에 이양할 수 없다.
양만식, 앞의 논문, 614쪽.

35· 이철송, 『회사법강의(제21판)』, 박영사, 2013, 647쪽.

36· 독일주식법 제87조.

37· 李榮, 앞의 책, 159쪽.

38· 독일주식법 제87조.

39· 정성숙, 「이사보수에 관한 독일의 법적 범주」, 『강원법학』 제32권, 2011, 450쪽.

임원의 보수는 특별한 이유 없이 통상적인 보수를 넘지 않도록 하여야 한다. 이는 퇴직금, 유족연금 그리고 그와 유사한 급부에 대해서도 적용된다.[40] 여기서 통상적이라는 것은 주변 환경에 대한 비교를 염두에 두어야 한다. 주변 환경과 비교하는 경우, 수평적인 방향 즉, 다른 기업과 비교한 가운데 기업의 영역, 규모가 고려되거나 혹은 회사가 등기되어 있는 지역에 있어서 통상적인 것 등이 고려되어야 하고 그와 더불어 또한 수직적인 방향 즉, 기업 내의 임금구조가 고려되어야 한다. 단, 통상적인 수준을 넘는 비교적 높은 보수는 특별한 사정이 존재하는 경우에 정당화될 수 있다.[41]

Ⅲ. 임원보수의 구조

보수의 구조에 있어, 이사의 보수는 고정급과 가변급으로 구성하고, 가변적인 보수구성부분은 상여금, 이익배당참가, 신주인수권 및 기타 주식을 기초로 하는 보수들, 가공주식 보상계획, 특별수당 등을 말한다.[42] 예를 들면, 기업과 관련한 주식 또는 실적을 기초로 하는 보수 요소가 이에 해당한다. 그 밖에 스톡옵션은 옵션이 부여된 경우 행사시기를 부여일로부터 4년 이후로 제한하고 있으며, 감독이사회는 회사 경영사정이 악화된 경우에는 보수의 삭감조치권을 연장행사 할 수 있다.[43]

---

40. 독일주식법 제87조.
41. 정성숙, 앞의 논문, 448쪽.
42. 성승제, 「독일의 이사 보수 규제」, 『법학연구』 제18권 제2호, 2010, 66쪽.

Ⅳ. 임원보수의 공시

〈기업지배구조규범〉에 따르면, 이사의 전체보수는 고정급과 가변급으로 구성하고 보수체계의 요강, 장기의 인센티브 효과 및 위험요소를 지닌 스톡옵션 또는 이에 상당하는 것의 세부 구성사항이 쉽게 이해할 수 있는 형태로 회사웹 사이트에 게시되고 또한 영업보고서에도 포함되어야 하고, 스톡옵션의 가치에 관한 정보가 포함되어야 한다. 단, 이 규범은 모범규준에 불과하므로 독일 회사들의 무시를 받았다.[44]

이에 2005년 〈이사 보수의 공개에 관한 법률〉이 제정되었고, 관련 규정이 독일 상법에 다수 규정되었다. 동 법률의 적용범위는 상장된 주식회사의 연말결산서 부속서류인 사업보고서에 모든 이사의 개별적인 보수의 공개에 한정된다. 개별적인 공개강제는 또한 모회사로서 상장된 주식회사와 결합한 콘체른에까지 미친다. 상장회사에서는 개별 이사의 성명을 기재하고 성과급과 비성과급을 구분하고 장기인센티브보수를 구분하여 기재하여야 한다.[45] 보수의 공개범위는 실질적으로 개별 이사에게 지급한 경제적인 가치를 가지는 모든 급부(현금지급, 현물급부 혹은 업무용자동차의 공여 등과 같은 금전적인 가치가 있는 이익 그리고 이사를 위해 제3자에게 지급한 금전) 등을 포함한다.[46]

단, 개별이사의 보수공시는 주주총회의 결의 시 기본자본의 3/4 이상에 해당하는 다수의 결의로 최대 5년간 하지 않는 것으로 할

43· 한국상사법학회 편, 『주식회사법대계II』, 법문사, 2013, 432쪽.
44· 최문희, 「이사의 보수에 관한 규정의 검토」, 『법학논총』 제24집 제3호, 2007, 637~639쪽.
45· 최문희, 「임원의 개별보수 공시제도의 개요와 개선과제」, 『BFL』 제60호, 2013, 95쪽.
46· 정성숙, 「이사보수의 공개에 관한 소고」, 『법학연구』 제38집, 2010, 282~283쪽.

수 있다.[47]

V. 임원보수의 적정성

1. 법원에 의한 통제

앞서 언급하였다시피 독일은 주식법 제87조에서 보수 책정 시의 선관주의의무를 규정하였다. 감독이사회는 이사의 보수 책정 시 적정성에 관한 주의의무를 부담하고 있다. 감독이사회는 이사의 보수를 부적절하게 책정하는 경우, 회사에 대한 손해배상책임을 부담한다. 따라서 적절한 보수의 결정은 감독이사회의 중요한 업무이며 그 의무 위반에 대해서는 감독이사회가 무한책임을 진다.[48] 법원의 심사에 관하여 중요한 판례로는 만네스만사 사례가 있다.

영국의 보다폰사Vodafone는 만네스만사Mannesmann를 인수하는 과정에서 당시 이사회의장을 포함하여 총 5명의 경영진들에게 퇴직금과 퇴직위로금 및 보다폰사의 인수성공에 대한 사례금 명목으로 약 4천만 유로의 퇴직금을 지급하였다. 이들 감사위원회는 이와 같은 특별보수 지급으로 인해 만네스만사에 손해를 끼쳤다는 이유로 독일 형법 제266조에 따라 배임죄의 정범 또는 방조범으로서 기소되었다. 피고인들은 보수지급을 위한 결정 시에 경영자로서의

47· 양만식, 앞의 논문, 611쪽.

48· 독일주식법 116조.
성승제, 앞의 논문, 73쪽.

판단 재량 내에서 행동하였으며 따라서 자신들의 행위가 적법하다고 주장하였다. 뒤셀도르프 지방법원은 피고인들이 회사의 재산관리자로서 주식법상 충실의무를 위반하였다는 점은 인정하였으나 "모든 상황을 종합적으로 고찰할 때, 위험이 따르는 기업가적 판단에 있어서 배임죄의 구성요건인 중대한 의무위반이 없다"고 하면서 무죄를 선고하였다. 그러나 연방대법원은 "주식법에 따라 보수의 결정 시에는 회사의 이익을 고려하여야 하고 회사에 재산상 손실을 가져오는 행위를 하지 않아야 한다는 원칙은 감독이사회 및 그 하부 위원회 구성원이 강행적으로 준수하여야 하는 충실의무에 속하며", "노무계약에서 합의되지 않은 금액으로서 장래 회사에 아무런 수익도 가져올 수 없는 보수가 지급된 경우에는 취탁받은 회사재산을 충실의무에 반하여 유출한 것이고 이와 같은 보수 지급은 허용되지 않는다"는 이유로 지방법원의 판결을 파기하고 지방법원 다른 부로 환송하였다. 환송심에서는 피고인들의 공소취소로 심리정지 되었다.[49]

위 연방대법원의 판결요지를 보면 감사의 선관주의의무에 대한 실질심사 또는 합리성에 대한 심사를 하였는바, 이는 절차적 또는 합법성 심사에 치우치는 미국 법원의 태도와 비교된다.

2. 보수의 감액

보수가 결정된 후, 회사 경영상 사정이 악화되어 기존 보수를 지급하는 것이 회사에 대하여 부당한 경우, 감독이사회는 보수액

---

49 최문희, 「이사의 보수에 관한 규정의 검토」, 『법학논총』 제24집 제3호, 2007, 637~638쪽.

을 삭감할 수 있다. 사실 기존의 주식법에서도 유사한 규정을 하였는데, "회사 상황의 본질적인 악화", "심히 부당한 경우"에 대한 판단이 애매모호하여 실제로 보수가 삭감되는 경우가 없었는데, 2009년 개정 후의 독일 주식법에서는 "본질적인" 및 "심히"라는 문구를 삭제하였다.[50] 이에 따르면, 회사의 도산 혹은 지불능력 문제, 심지어 회사가 더 이상 이익배당을 할 수 없는 경우도 사정의 악화라고 할 수 있고, 이사의 개별적인 능력 또한 감액에 아무런 역할을 하지 않고 단지 회사사정을 판단하면 된다.[51]

이 감액은 퇴직연금 또는 유족에 대한 급여 또는 급부에도 적용된다. 단, 이는 퇴직 후 3년 이내에만 가능하다.[52]

3. 주주총회 보수체계 승인의 권한

독일 주식법 120조에 의하면, 상장회사의 주주총회는 이사의 보수 시스템에 대하여 구속력이 없는 표결을 할 수 있다. 이에 따라 주주는 현행 보수체계를 통제할 수 있는 수단을 가지게 되고, 감독이사회가 보수를 정할 때 보다 더 양심적으로 행동하도록 한다. 단, 이러한 결의는 어떠한 권리나 의무를 발생시키지 않는다.[53] 이 규정은 상장회사에서만 적용되고, 이 규정으로 보수결정에 관한 권한이 종래 감독이사회에서 주주총회로 변경된 것은 아니다.[54]

---

50 · 고재종, 「임원의 적정 보수 지급에 대한 법적 규제」, 『법학연구』 제18권 제2호, 2010, 141~142쪽.

51 · 정성숙, 「이사보수에 관한 독일의 법적 범주」, 『강원법학』 제32권, 2011, 452쪽.

52 · 성승제, 앞의 논문, 69쪽.

53 · 성승제, 앞의 논문, 75쪽.

Ⅵ. 소결

상기 서술을 종합하면, 독일은 중층이사회제도를 갖는 지배구조로서 임원보수의 결정권이 감독이사회에 있고, 보수의 적정성에 대한 통제로 감독이사회에 임원보수 감액권을 부여하였는데 이는 미국의 한도에 대한 통제 즉 법인세 부과와 관련한 손금산입액에 대한 통제와 달리 직접적이고 적용대상 및 범위도 더 넓다. 공시에 있어서는 임원보수의 공시에 대한 규정도 하였지만, 3/4 이상의 다수의 결의로 5년간 공시하지 않을 수도 있다. 그 밖에 법원은 임원보수에 있어 적법성 심사도 하지만, 합리성 심사도 할 수 있는 점이 특징이다.

제3절
일본의 임원보수제도

Ⅰ. 일본의 회사지배구조

일본의 회사지배구조는 미국 또는 독일과는 또 다르다. 2005년 제정된 회사법으로 인해 일본의 회사는 위원회 설치회사와 위원회 非설치회사로 나뉘어, 회사가 자유로이 그 중 하나를 선택할 수 있다. 그 중 위원회 설치회사는 미국을 참조로 지배구조상 주주총회와 이사회로 구성되고, 주주총회에서 이사를 선임하여 이사회를

54· 최문희, 「임원의 보수규제에 관한 고찰－최근의 국제적 동향과 입법례를 중심으로」, 『경영법률』 20집 3호, 2010, 152쪽.

구성하고 이사회 내에 위원회를 설치하며, 이사는 임원을 선임하고, 이사회는 감독기능을 하고, 임원은 업무집행을 담당한다. 위원회 非설치회사는 주주총회, 이사회, 감사회로 구성되는데, 주주총회에서 이사 및 감사를 선임하고, 이사와 감사가 각각 이사회와 감사회를 구성한다. 이사회는 업무의 결정과 집행을 담당하고 감사회는 감독기능을 한다.

Ⅱ. 임원보수의 결정

2005년 회사법은 위원회 설치회사와 위원회 非설치회사를 구분하여 보수의 결정방법을 달리 정하였다. 위원회 설치회사의 경우 보수위원회가 집행임원과 이사, 회계참여의 개인별 보수결정 방침을 정하고 이 방침에 따라 개인별 보수 내용을 결정한다.[55]

위원회 非설치회사의 경우, 상법에 의하면 보수액에 관해 정관에 규정을 두거나 주주총회의 결의를 얻을 것이 요구되었다. 2005년 회사법 개정에서 이사의 보수는 그 총액에 관하여 정관에 정하지 않은 한 주주총회의 결정에 의해 정하도록 규정하고 있다. 이사 전원에 대해 총액을 정하고, 각 이사에 대한 구체적인 배분은 이사회에 위임할 수 있다고 해석되고 있다.[56] 금액이 확정된 보수는 그 금액에 대해 정관 또는 주주총회의 결의를 받아야 하고, 보수 중 금액이 미확정된 것, 예컨대 회사의 업적을 나타내는 지표 등에

55· 회사법 404조.

56· 김환일, 「일본 임원보수의 공시 규제에 관한 연구」, 『기업법연구』 제25권 제1호, 2011, 225쪽.

연동해서 가변적으로 결정되는 보수는 그 구체적인 산정방법을 정하여야 한다.[57]

일본의 임원보수수준은 일본의 전통문화와 인공서열제의 배경하에 미국에 비해 낮은 편이고[58] 회사 일반 직원과의 차이가 상대적으로 크지 않다. 일본의 임원보수 문제에 관하여, 동경, 오사카, 나고야 증권거래소의 1,818개 상장회사의 1991년부터 2003년까지의 데이터를 분석한 실증연구에 의하면, 가장 큰 문제는 임원보수가 회사의 실적과 연관되지 않는다는 점이다.[59]

Ⅲ. 임원보수의 구조

일본 회사법 제361조는 이사의 보수 유형을 고정급, 금액이 확정되지 않은 변동보수, 그리고 금전 이외의 보수로 구분하였다. 일본의 임원보상은 고정보상 중심이며, 장기 인센티브 비율이 낮다.[60] 일본의 根田正樹는 임원보수는 회사의 임원이 회사에서 수령하는 업무집행의 대가의 성격을 가진 금전 및 기타 경제이익을 말하며, 금전이익은 월급 형식으로 지불하는 보수, 퇴직 후의 퇴직금, 사망보상금을 포함하고, 非금전보수는 회사주식의 지불과 신주예약권(스톡옵션과 유사함)을 포함하며, 시가보다 낮은 가격으로 제공하는 주택 임대료의 차액 등도 보수의 범주에 속한다고 하였다.[61]

57· 최문희, 「임원의 개별보수 공시제도의 개요와 개선과제」, 『BFL』 제60호, 2013, 96쪽.

58· 酒井太郎, 「有关董事报酬的日本法律规范和企业惯例」, 朱大明 옮김, 『商事法论集』 제23권, 2013, 229쪽.

59· 江头宪治郎, 『株式會社法大系』, 有斐閣, 2013, 282쪽.

60· 김환일, 앞의 논문, 227쪽.

Ⅳ. 임원보수의 공시

공시규제는 회사법 및 하위법령상 "사업보고"에 의한 공시와 "기업내용 등의 공시에 관한 내각부령"에 근거한 유가증권보고서에 의한 공시로 나뉜다.

회사법 시행규칙상 사업보고의 기재사항에 의하면, 공개회사는 해당 사업연도의 회사임원 전체의 보수 등에 관하여 이사, 회계참여, 감사 또는 집행임원별 보수 등의 총액과 인원수를 기재한다. 사외임원이 있는 경우 사외임원은 이사의 총액과 구별하여 사외임원의 보수 등을 공시한다. 회사의 개별공시를 금지하지 않고, 보수 등의 내역의 공시는 강제하지 않는다.[62]

한편, 일본 금융청의 상장기업의 임원 보수에 관한 〈기업내용 등의 공시에 관한 내각부령〉의 개정규정 제2호에 의하면, 회사는 임원별로 이름, 이사(사외이사 제외), 감사(사외감사 제외), 집행역, 사외임원으로 구분한 보수의 총액, 보수의 종류별(기본보수, 스톡옵션, 상여, 퇴직위로금 등)으로 총액을 공개하여야 하고, 대상이 되는 임원의 인원수를 공개한다 그리고 보수 등의 금액 또는 그 산정방식에 관한 결정방식의 내용 및 결정방법 등을 공개하여야 한다. 아울러, 임원중 그 보수의 총액이 1억 엔 이상인 자에 대하여는, 임원마다 성명, 임원구분, 연결보수 등의 총액 및 종류별의 금액에 대하여 기재하여야 한다.[63]

한편, 비상장기업일지라도 주주수가 1,000명 이상이거나 공모방식에 의해 회사채 등을 발행하는 기업에 대하여는 유가증권보고

61· 根田正樹, 「會社役員の 情報規制と 最近の 動向」, 『月刊民事法情報』 213호, 2004, 61쪽.
62· 최문희, 「임원의 개별보수 공시제도의 개요와 개선과제」, 『BFL』 제60호, 2013, 97쪽.
63· 江头宪治郎, 앞의 책, 295~296쪽.

서를 제출할 의무를 부과하고 있다.[64]

V. 임원보수의 적정성

1. 법원의 통제

과다보수에 대한 법원의 심사에 있어, 일본 학설은 사법개입의 부정설이 통설인데, 임원보수의 합리 여부는 회사에 대한 기여도와 관련되며, 회사의 자치범위에 속한다고 주장한다. 이러한 주장은 동경지판 평성 19년(2007년) 6월 14일의 판결이유에서도 체현된다. 동 판결에서 법원의 입장은 다음과 같다: "우리나라의 회사 법률제도는 법에서 규정을 둔 외에 이사보수의 결정은 모두 각 주식회사 자치의 사항에 속하고, 정관 또는 주주총회의 결의에서 회사소유자의 의사를 반영하여 결정한다... 법원은 특별한 사유 없이 이사보수의 다소의 실질적인 합당여부의 판단에 개입하지 않으며... 보수결정대상인 이사가 회사에 대한 기여 정도는 여전히 회사자치의 문제이고... 법원은 증거에 근거한 이사의 역할 인정 또는 그 역할이 회사이익을 창출한 사실의 기초 하에 기타 이사 또는 회사 직원의 역할과 비교하여 동 이사의 역할을 평가하고 이사의 기여도를 판정한다"고 하였다.[65] 따라서, 일본은 보수의

64· 맹수석, 「금융기관 임원의 과도한 보수규제 및 투명성 제고 방안에 관한 연구」, 『법학논총』 제34집 제1호, 2014, 239~268쪽.

65· 伊藤靖史, 「取締役报酬规制の问题点－东京地判平成19年6月14日判决を素材として」, 『商事法务』 1829号, 2008, 4쪽.

결정이 주주의 자주적인 판단에 맡겨진 것이므로, 그 액수의 타당성에 관해서 법원이 관여하지 않는다는 입법정책을 기본적으로 채용하고 있다. 단, 일본에서는 특별이해관계인의 의결권 행사가 제한되지 않지만, 현저하게 부당한 결의가 이루어진 경우에는 결의취소의 소를 제기할 수 있는바 이사 겸 주주의 의결권행사에 의하여 해당 이사자신의 보수액이 정해진 경우 등에는 법원이 보수의 상당성을 심사할 여지가 있다.[66]

2. 한도에 대한 통제

2006년 기존 기업소득세법 개정 전에, 일본은 임원보수를 임원급여와 임원보너스로 구분하여 상이한 세무정책을 시행하였는바, 정기적으로 정액 지급하는 급여는 임원급여에 귀속하고, 그 외의 보수는 임원보너스의 범주에 귀속하여, 급여는 부당하게 고액인 경우 외에 손금 산입할 수 있고, 보너스는 전액 손금 산입할 수 없다고 규정하였다. 하지만, 2005년 회사법의 개정으로 실적연동형 보수형식과 비금전보수형식의 도입으로 인하여 2006년 일본은 기업소득세법을 개정하여, 손금산입의 범위를 대폭 완화하였다. 단, 부당 고액보수(퇴직금이 포함됨)는 손금 산입할 수 없다는 규정은 유지하였다.

66· 윤영신, 「이사 보수의 회사법적 문제」, 『BFL』 제65호, 2014, 58쪽.

Ⅵ. 소결

일본은 지배구조상 감사 또는 감사위원회를 선택 가능한 구조이다. 이사의 보수는 그 총액에 관하여 정관에 정하지 않은 한 주주총회가 정하되, 이사 전원에 대해 총액을 정하고 각 이사에 대한 구체적인 배분은 이사회에 위임할 수 있다. 1억 원 이상 임원보수를 지급받는 임원의 보수금액을 개별적으로 공개하여야 하고, 보수의 종류별의 총액도 개별적으로 공개한다. 법원은 임원보수의 적정성에 대하여 개입하지 않는다는 의견이며, 세법으로도 임원보수의 한도에 대하여 통제를 한다.

제4절
한국의 임원보수제도

Ⅰ. 한국의 회사지배구조

한국의 지배구조는 주주총회, 이사회, 감사의 구조를 유지하여 오다가 1997년의 외환위기로 사외이사제도가 도입되고 감사제도가 강화되었으며 최근은 집행임원제도와 준법지원인제도가 도입되어 색다른 지배구조로 전환하였다. 특히 이사회와 감사 방면에서 변화가 크다.

우선, 업무집행기능과 경영감독기능을 분리하여 집행임원을 둘 수 있다. 집행임원을 둘 경우 대표이사를 두지 못한다. 단, 집행임원은 임의로 선택할 수 있는 사항으로 강제하지 않는다. 이사회는 집행임원에 대한 선임, 해임의 권한을 갖고 있으며, 집행임원의 업무집행을 감독한다.

감사제도에 있어, 비상장회사의 경우 자본금총액 10억 원 미만의 회사는 감사기관을 두지 않을 수 있고, 그 이상의 회사는 감사 또는 감사위원회를 두어야 한다. 감사위원회는 이사회의 하부기관이다. 상장회사의 경우 1천억 원과 2조원을 기준으로, 자산총액 1천억 원 미만인 회사는 최소한 비상근감사를 두어야 하지만, 그 대신 상근감사 또는 감사위원회를 선택할 수 있고, 자산총액이 1천억 원 이상 2조원 미만인 회사는 반드시 상근감사 또는 감사위원회를 두어야 하며, 자산총액이 2조원 이상의 회사는 반드시 감사위원회를 설치하여야 한다. 이와 같이 한국 상법에서는 감사와 감사위원회 제도를 정립하였다.

II. 임원보수의 결정

임원보수의 결정과 관련해서는 제388조 및 제415조의 2개 규정과 408조의 2 제3항 제5호의 규정이 있는데, 이사 및 감사의 보수는 정관 또는 주주총회의 결의로 정해지고, 집행임원의 경우 정관 또는 주주총회 결의로 정할 수 있지만 그렇지 않은 경우에는 이사회에서 정할 수 있다. 주주총회는 개별 이사의 보수를 모두 정하는 것은 아니고 실제로는 주주총회에서 전체 이사에 대한 보수총액 또는 그 상한만을 정하고 개별 보수는 이사회 또는 대표이사가 정한다. 외국에서 보수의 적정성을 확보하기 위해서 이사회의 하부 위원회로서 설치하는 보상위원회는, 한국에서 최근 일부 대규

모 상장회사에서 도입되기 시작하고 있다.[67]

Ⅲ. 임원보수의 구조

한국의 경우, 임원의 보수는 월급, 상여금, 연봉 등 명칭 여하를 불문하고 이사의 직무수행에 대한 보상으로 지급되는 일체의 대가를 포함하며, 정기적이든 부정기적이든 불문한다. 또 금전의 급부에 한하지 않으며, 타인에 대한 이익의 제공이라도 궁극적으로 이사의 이익으로 귀속되는 것이라면 이사의 보수이다.[68]

그 외 주식매수선택권도 있는데, 이는 회사의 임원 또는 직원에게 장래 일정한 시기에 이르러 예정된 가격에 회사가 보유하고 있는 자기주식 또는 새로 발행하는 신주를 취득 또는 인수하거나 이를 포기할 수 있는 권리를 말한다. 선택권자로 선정될 수 있는 자는 원칙적으로 회사의 설립, 경영과 기술혁신 등에 기여하거나 기여할 수 있는 당해 회사의 이사, 집행임원, 감사 또는 피용자이다. 단, (1)의결권 있는 발행주식 총수의 100분의 10 이상의 주식을 가진 주주, (2)이사, 집행임원, 감사의 선임과 해임 등 회사의 주요경영사항에 대하여 사실상 영향력을 행사하는 자, (3)(1)과 (2)에 해당하는 자의 배우자와 직계존비속에게는 선택권의 부여를 금지한다. 선택권은 주주총회의 결의일로부터 2년 이상 재임 또는 재직해야 행사할 수 있다.[69]

67· 송옥렬, 『상법강의[제4판]』, 홍문사, 2014, 964쪽.

68· 이철송, 앞의 책, 645~646쪽.

69· 상법 542조의 3 1항.

IV. 임원보수의 공시

임원보수의 공시는 자본시장법에 의해 규정되었다. 현행 자본시장법은 사업보고서 공시사항을 각 호로 구분하면서 제2호에는 임원 전원의 보수총액에 관한 사항을, 제3호에는 임원 개인별 보수에 관한 사항을 규정하고 있으며, 제3호의 법문상 기재사항은 임원 개인별 보수와 그 구체적인 산정기준 및 방법으로 되어 있다. 현행 자본시장법에는 개별 보수 공시대상 임원의 기준을 "지급받은 보수가 5억 원 이내의 범위에서 대통령령으로 정하는 금액 이상인 경우"라고 규정되어 있는바, 현재 시행령은 "5억 원 이상"으로 되어 있다. 보수 총액의 공시는 금융감독원의 기업공시서식 작성기준(이하 "공시서식"이라 한다) 제9-2-1조 제1항에 따라 이루어진다. 이사, 감사 전체의 보수총액과 관련한 사항으로서, 주주총회 승인금액, 보수 지급금액, 이사, 감사의 보수 지급기준을 기재하고, 내용에 대한 부가적인 설명이나 그 밖의 정보는 별도로 기술한다. 임원 개인별 보수의 공시는 공시서식 제9-2-1조 제2항에 따라 이루어지는데, 이사, 감사에게 지급한 개인별 보수가 5억 원 이상인 경우 개인별 보수 지급금액과 그 구체적인 산정기준 및 방법을 기재하도록 정하고 있다.[70]

70· 권준혁, 「임원 보수에 관한 기업공시서식 작성기준 해설」, 『BFL』 제65호, 2014, 6~15쪽.

V. 임원보수의 적정성

한국의 임원보수는 문화 즉 강한 유교의 영향과 지배주주의 경영권을 통한 사적이익 추구와 경영인에 대한 감독 및 경영시장의 미발달 등 원인으로 인하여, 미국에 비하여 상대적으로 임원보수가 낮은 편이다.[71] 물론, 이사보수를 적정하게 통제하는 것은 주주의 이익보호에 여전히 중요한 의미를 가진다.

한국의 경우 보수에 대한 통제는 우선 보수의 결정단계에서 정관 또는 주주총회에서 전체 이사에 대한 보수총액의 상한을 결정하여 총액의 통제를 하고, 상장회사의 경우 임원보수의 공시를 통하여 투자자에게 판단근거를 마련하여 간접적으로 통제를 한다.

즉 보수의 적정성에 대한 통제가 결정단계에서 사전에 이루어지기 때문에, 미국과 같은 사후적인 법원의 과다보수에 대한 통제는 거의 없다. 정관의 정함이나 주주총회 결의라는 적법한 절차를 거쳤어도 이사의 보수가 그 직무에 비하여 과다한 경우에 보수지급의 효력이 인정될 수 있는지 문제 되는데, 일부 학설은 이러한 보수지급은 자본금충실원칙에 위반한다거나 여기서 더 나아가 지배주주 본인 및 그의 측근들이 일반적으로 임원으로 선임될 것이므로 이들에 대한 보수가 과다하면 결국은 일반 주주에게 배당할 수 있는 이익이 감소되므로 실질적인 주주평등원칙에도 위반한다고 지적하고 있다.[72]

단, 주주총회결의가 현실로 이루어져야 하는 것인지 지배주주

71· 김건식, 『기업지배구조와 법』, 소화, 2010, 217~240쪽.

72· 윤영신, 앞의 논문, 41~59쪽.

의 의사를 가지고 대체할 수 있는지, 판례의 입장은 분명하지 않다. "회사설립 당시부터 회사주식의 80%를 소유한 대표이사가 주주총회의 결의에 의하지 않고 이사에게 공로상여금 지급을 약속한 경우에도 주주총회에서 이를 지급하기로 하는 결의가 이루어질 것은 당연하므로 주주총회의 결의가 있었음과 다름이 없다"[73] 는 대법원의 판례가 있는가 하면, "회사의 정관에 이사의 보수 및 퇴직금은 주주총회의 결의에 의하여 정하게 되어 있는 경우, 동 회사의 대표이사가 이사에 대한 보수 및 퇴직금에 관하여 한 약정은 그 대표이사가 동 회사의 전 주식 3,000주 중 2,000주를 가지고 있더라도 주주총회의 결의가 없는 이상 동 회사에 대하여 효력이 있다고 할 수 없다"[74] 는 판례도 있다.

VI. 소결

상기 서술을 종합하면 한국의 임원보수는 정관 또는 주주총회에서 총액 또는 상한 금액을 결정하고, 개별보수는 이사회에서 결정한다. 임원보수의 공시에 있어서는 5억 원 이상의 보수는 임원 개인별로 공시하여야 한다. 보수의 적정성의 통제에 관하여, 과다보수에 대한 판례는 아직 거의 없고, 보수청구권 인정 여부에 대한 판례가 위주인데, 원칙적으로 이사의 보수결정에 관한 상법 제388조는 강행규정이므로 정관규정이나 주주총회 결의에 근거하지 않

73· 대법원 1978. 1. 10. 선고 77다1788 판결.
74· 대법원 1979. 11. 27. 선고 79다1599 판결.

는 보수의 지급 또는 그 약정은 무효이다. 따라서 이사는 미지급된 보수를 청구할 수 없고 이미 지급된 보수는 반환하여야 한다. 이러한 원칙은 이사의 사익추구를 방지하기 위한 상법 제388조의 취지에서 볼 때 당연하다고 볼 수 있다. 그러나 회사의 구체적인 상황에 따라서는 이러한 비탄력적인 원칙이 불공정한 결과를 가져올 수도 있다.

한국의 상법은 일본상법의 영향을 많이 받아 일본상법과 유사한 면을 갖고 있으나, 중국과 마찬가지로 일본의 특정한 연공서열제, 종신고용제 등 특유의 문화적 배경이 없기 때문에 한국의 지배구조 및 임원보수제도에 대한 입법과 실천은 중국에 있어 참고할 가치가 크다.

04
중국의 임원보수제도

제1절
중국 임원보수제도의 형성과 발전

I. 임원보수제도의 맹아 형성시기(19세기 중후기-1948년)

중국 임원보수제도는 외국 회사제도의 도입과 더불어 형성되었다. 19세기 중후기의 양무운동은 점차적으로 중국의 자급자족의 경제모형을 타파하였고, 양무파의 기업이 늘어나면서 외국자본의 유입과 기술의 혁신은 중국 전통 경제구조의 극변을 일으켰다. 이 과정에서 민족 공상업의 맹아가 싹트기 시작했고, 각 지역에 매판買辦[1]과 상인집단商幇[2]이 나타났으며 외국자본과 관료자본 사이에

1· 1770년 무렵부터 중국에 있었던 외국 상관(商館)과 영사관 등에서 중국 상인과의 거래 중개를 맡기기 위하여 고용하였던 중국사람.

2· 지연과 혈연을 유대로, 회관(會館)을 특징 건물로 하는 상인집단을 말한다. 청조시기의 전

서 어렵게 생존하였다. 중국 본토식의 경제는 완만하게 발전하였고 관료주의, 봉건주의, 가족주의 특성이 농후하였다. 19세기 하반기부터 중국의 건립까지, 외국기업의 매판계층, 양무파기업의 관리계층, 조기의 표호票號[3] 와 상인집단 중의 점장掌櫃, 민족공상업과 관료자본기업 중의 전문경영인 계층에서 임원보수제도가 형성되기 시작하였다. 이 시기의 임원보수제도의 기본 형식은 기본급을 위주로 하고, 일부 기업에서 정기 또는 非정기적인 보너스, 무상주干股와 지분인센티브 등을 시도하였다.[4]

Ⅱ. 임원보수제도의 정체기(1949년-1978년)

건국 초기 급여제도의 혼란한 상황을 개선하기 위하여, 1956년 6월 16일, 국무원에서는 〈급여 개혁에 관한 결정關與工資改革的決定〉을 발표하고, 규범적인 화폐급여제도를 실시하였다. 당시 공업기업의 상여금은 영예상여금과 물질상여금으로 나뉘었고, 물질상여금에는 경상적 및 비정기적인 일회성 상여금 및 일회성 연말 상여금이 있다. 1956년 7월, 상이한 산업생산기술의 특징을 근거로 상이한 급여기준을 제정하였고, 각 산업부문은 자신의 생산 실제상황에서 입각하여 상여금과 수당제도를 개선할 것을 강조하였다. 국가기관, 사업단체事業單位의 직원 및 기업직원에 대하여는 직급,

---

상(晉商), 휘상(徽商), 진상(秦商) 등이 그 예다.

3· 중국 청대 중기 이후, 특히 성하게 된 환업무(換業務)를 주로 한 상업금융기관. 산시성(山西省) 출신의 상인이 경영한 산시 표호가 유명하다.

4· 陈琳, 「上市公司高管薪酬法律规制探究－以美国法为视角」, 절강대학 석사학위논문, 2011, 6쪽.

책임, 업무난이도, 기술난이도에 따라 차이 있는 직무급여제를 실시하였다.

이 시기, 전국에서는 통일적인 국가기관, 사업단체 및 기업의 간부 급여제도를 실시하였기에, 기업의 임원의 보수는 주로 국가기관과 사업단체의 기준을 따라 설정하였다. 이로 볼 때, 중국은 이 시기 임원의 업무내용에 따라 상이한 보수를 지급하지 않았는바, 행정화의 선임제도와 보수제도는 기업의 관리수준의 저하, 저효율을 초래하였고, 그 후의 임원보수제도에 잠재적인 위험을 심었다. 총체적으로 이 시기에 기업임원의 보수는 국가 행정기관과 사업단체를 기준으로 하였고, 임원보수제도는 정체 심지어는 폐지되었다.[5]

Ⅲ. 임원보수제도의 시작단계(1978년-1992년)

1978년 개혁개방의 실시로 중국 경제는 다시 발전하기 시작하였고, 경제형식 역시 다원화로 발전하게 되었다. 1978년부터 1992년까지 중국은 "권한 이양, 이익 공유放權讓利", 기업도급제企業承包制 등 개혁을 실시하여, 기존의 평균주의 배분제도를 돌파하였다.[6] 기업도급제는 기업관리자의 자주권과 관련 책임의 비대칭성을 해결하기 위하여, 경영인承包經理人[7]이 도급계약에서 정한 양을 완수할

5· 施廷博, 「上市公司高管薪酬监管法律制度研究－美国法的考察和我国的借鉴」, 華東政法大學 박사학위논문, 2012, 40쪽.

6· 张军, 『中国企业的转型道路』, 上海格致出版社 · 上海人民出版社, 2008, 24~34쪽.

7· 도급을 맡은 자.

경우, 실제 이윤에서 계약에서 정한 양을 초과한 부분을 급여의 형식으로 배분하는 제도인데, 실무상으로는 기업의 이윤이 유일한 평가 기준이 되었다.

기업도급제도는 경영인의 기업자산의 과도사용과 회계분식 등 단기 이익 투기행위 및 불법행위를 초래하기도 하였지만, 경영인의 적극성을 불러일으켰고, 어느 정도 관리자의 보수수준과 기업의 실적을 연동시켰는바, 큰 영향을 미쳤다.

Ⅳ. 임원보수제도의 발전단계(1992년-현재)

1. 연봉제의 실시

1992년 상해시 輕工局은 上海英雄金筆工場 등 세 기업을 선정하여 최초로 연봉제를 실시하였다. 연봉제는, 기업의 생산경영주기 연도를 단위로 임원의 경영실적과 부담하는 책임, 리스크를 근거로 그 급여를 정하는 보수제도인데, 지분인센티브股權激勵의 내용은 포함되지 않는다.[8]

연봉은 통상적으로 기본급여와 리스크수입으로 구성된다. 기본급여는 주로 기업의 경제수익수준, 경영규모, 본 지역과 본 기업 직원의 평균 급여수준 등 요소로 확정하고, 실적과 연동되지 않으며, 월별로 결산한다. 리스크수입은 기본급여를 기초로, 기업의 실적과 연동되고, 연말에 결산한다. 1994년 9월, 심천시에서 〈기업

8· 施廷博, 앞의 논문, 42쪽.

이사장, 총경리 연봉제 시행방법〉이 공표되었고, 잇따라 사천, 강소, 북경, 하남, 료녕 등 지역에서 연봉제가 실시되었다. 그 후 2004년 〈중앙기업담당자 경영실적 평가잠정방법〉의 시행으로 국유기업 연봉제 개혁이 전국 범위에서 실시되었고, 연봉제가 하나의 제도로서 확립되었다.[9]

연봉제는 전문경영인의 수입과 일반 직원의 수입을 분리하였고, 어느 정도 일반 직원과의 수입의 차이를 두어 전문경영인의 인적자본가치를 인정한다. 이는 이질적인 인적자본을 소유한 전문경영인에 있어서는 큰 인센티브이다. 하지만 연봉제의 실시 과정에서 그 결점도 나타났다. 구체적으로, 연봉제는 단지 회사 당기의 실적과만 연동되었고 회사의 장기 이익과 직접적인 관계가 없으므로, 경영인의 투기행위를 초래하기 쉽고 경영인에게 주주의 장기 이익을 위해 경영하는 동기를 부여하지 못한 것이다.

2. 지분인센티브제도의 실시

1997년부터는 지분인센티브股權激勵제도를 추진하기 시작했다. 지분인센티브는 임원이 회사의 지분을 보유하게 함으로써, 회사의 주주로서의 개인이익과 회사의 이익을 연동시켜, 임원이 기업의 장기 가치를 올려 자신의 부를 늘리도록 하는 장기보수 장려방식이다. 1997년 上海仪电控股(集团)公司가 중국에서 최초로 스톡옵션을 실시하였고, 1999년 天津泰達에서는 처음으로 〈인센티브 실시세칙〉을 제정하여 2001년 12월 31일까지 34개의 상장회사에

9· 주106.

서 경영자에 대하여 지분인센티브를 실행하였다고 한다.[10] 그 후 2005년 회사법은 회사의 자본제도, 회사주식회수와 임원의 임기 내의 지분양도 등을 개정하여, 상장회사가 지분인센티브를 실시하는 데 장애[11]를 제거하였다.

3. 보수공시제도의 실시

1993년 증권감독관리위원회는 〈주식발행과 거래관리 잠정조례股票发行与交易管理暂行条例〉 제59조에서 처음으로 상장회사 연도보고에서 임원의 보수상황을 공시하여야 한다고 규정하였고, 1994년 〈공개발행주식회사의 정보공시 실시세칙(시행)公开发行股票公司信息披露实施细则(試行)〉, 1994년 〈공개발행주식회사 정보공시의 내용과 격식준칙 제2호(연도보고의 내용과 격식)〉, 1997년 〈기업회계준칙 - 특수관계 및 거래의 공시企业会计准则 - 关联方关系及其交易的披露〉를 통하여 부실공시책임의 주체, 임원보수 공시범위, 특수관계인의 보수공시 등의 내용을 규정하였다. 그 후 상기 규정들은 일련의 개정을 통하여 보수의 금액과 내용, 보수공시 인원(상위 3명의 이사, 고급관리인원), 사외이사 및 보수계약의 제정과정, 인센티브, 정보공시주체의 과실책임원칙, 임원의 겸직, 보유지분변동사항, 연도보수사항, 임원의 유통금지 지분의 변동사항 등의 내용을 보충하였고, 2005년에는 〈2호문〉의 보수공시의무자를 모든 이사, 감사, 고급관리인으로 수정하였다. 단

---

10. 陈琳, 앞의 논문, 7쪽.

11. 2005년 회사법과 증권법의 개정 전에, 중국은 엄격한 법정자본제를 시행하였고, 신주의 발행은 일회에 모집할 것을 요구하였다. 회사의 합병, 재편 또는 주식의 말소 외에 상장회사는 인센티브를 목적으로 하는 자기주식을 구매할 수 없었다. 그 외 임원의 임기 내에 본 회사의 지분양도의 금지규정도 지분인센티브의 효과를 제한하였다.

지, 공시되는 보수는 개별항목이 아닌 개별항목을 포함한 총액으로 규정하였다.

제2절 중국임원보수의 실무현황

I. 중 · 미 임원보수의 비교

관련 자료에 의하면, 2011년 미국의 500대 회사의 CEO 평균보수는 10,400,000달러이다.[12] 이에 비해 2011년 중국 상장회사 임원 평균보수는 623,800위안(약 101,500달러)이다.[13] 이르 보면 중국의 임원보수 수준은 미국에 비해 상당히 낮은 편이다.

II. 임원보수의 증가추세

중국 인력자원 및 사회보장부 노동급여연구소에서 조사[14]한 바에 따르면, 2,430개의 상장회사에서 2012년 전체 임원보수의 평균

12· 陈玮, 「2012年美国CEO薪酬榜」, 『福布斯中文网』, 2012
http://www.maigoo.com/news/282100.html 2014.11.27. 최종방문.

13· 中国证券报, 「去年上市公司高管人均薪酬超60万元」, 『中國經濟网』, 2012
http://finance.ce.cn/rolling/201210/31/t20121031_17002231.shtml 2014.11.27. 최종방문.

14· 刘学民, 『中国薪酬发展报告[2012]』, 中国劳动社会保障出版社, 2013, 168~174쪽. 관련 자료는 國泰安회사의 CSMAR의 2,430개의 상장회사의 자료에 의해 정리되었고, 임원보수총액은 상장회사 이사(사외이사가 포함되지 않음), 감사 및 고급관리인원의 연도보수의 총액(중장기 인센티브의 수익이 포함되지 않음)을 말한다.

수준은 51만 위안(상장회사에서 보수를 수령한 임원의 총수는 22,159명, 보수총액은 113억 위안)이고, 절대수치는 2011년에 분석한 2,032개 상장회사의 임원 평균보수의 47.1만 위안 보다 3.9만 위안 증가하였고, 증가율은 8.28%이다. 참고로 2012년 중국의 국내총생산은 519,322억 위안으로서 전년대비 증가율은 7.8%이고, 연도 소비자 물가지수CPI는 2.6%이고, 수출입물품총액은 38,668억 달러로서 전년대비 6.2% 증가하였다. 이로 보아, 임원보수의 증가율은 GDP나 CPI 등의 증가율에 비해 높다.

한편 2012년과 2011년의 상위 10명의 임원보수에 관한 〈표 1〉 및 〈표 2〉[15]를 살펴볼 때, 1위의 임원보수가 전년에 비해 조금 하락한 것 외에, 기타 임원의 보수는 모두 대폭 증가하였으며, 증가율은 26.1%~80.2%에 달한다. 특히 2012년의 10위는 전년의 10위에 비하여 42.2% 증가하였다.

〈표 1〉 2012년 2430개 상장회사 임원보수의 상위 10명의 보수 및 직무

순위	소속회사	업종	직무	2012년 보수(만위안)
1	萬科A	부동산	이사회주석	1,560
2	方大特钢	제조업	이사장, 당위서기	1,516.7
3	萬科A	부동산	이사, 총무	1,368
4	中集集团	제조업	이사, 총무	998
5	萬科A	부동산	집행부총부	875
6	萬科A	부동산	감사회주석	863
7	紫金矿业	유색금속채광업	이사장	847.73
8	华远地产	부동산	이사장	836.35
9	萬科A	부동산	집행부총무	825
10	中信证券	증권업	부이사장, 집행이사, 집행위원회위원	802.95

15· 刘学民, 위의 책, 171쪽.

〈표 2〉 2011년 2032개 상장회사 임원보수의 상위 10명의 보수 및 직무

순위	소속회사	업종	직무	2011년 보수(만위안)
1	中信证券	증권	부이사장, 집행이사	1,600.73
2	深發展A	은행	집행이사, 은행장	869.00
3	長城開發	정보기술	총무, 이사	759.31
4	萬科A	부동산	이사, 총무	747.00
5	华远地产	부동산	이사, 총경리	691.66
6	民生銀行	은행	은행장, 이사	684.48
7	中國太保	보험	재무담당자, 상무부총무	658.60
8	中集集团	제조업	총무, 이사	596.22
9	廣發證券	증권	총경리	580.82
10	中國銀行	은행	신용대출리스크총감	564.80

아울러, 해외의 임원보수 증가율과 비교한 다음 〈표 3〉[16]에서도 같은 양상을 나타내고 있다. 2001년 내지 2011 사이의 중국의 임원보수 증가율은 아래 국가에서 가장 높다.

〈표 3〉 2001-2011년 고위경영진 보수액 순위비교(단위: 달러)

국가명	2001	2011	증가율(%)
중국	35,636	123,477	+247
남아프리카	44,405	151,273	+241
인도네시아	25,250	74,353	+195
터키	65,183	189,170	+190
브라질	57,809	162,651	+181
아랍에미리트	90,341	204,421	+126
프랑스	78,929	169,719	+115
폴란드	65,961	136,602	+107
네덜란드	85,894	175,401	+104
이탈리아	87,462	165,168	+89
독일	104,155	193,594	+86
러시아	86,576	153,229	+77
영국	83,246	138,287	+63
미국	112,433	154,847	+38
멕시코	116,882	145,509	+25

16· Lin Lin, "Regulating Executive Compensation in China: Problems and Solutions", *Journal of Law & Commerce* Vol.32, No.2, 2014, p.217.

2013년의 평균 임원보수는 아직 공개되지 않았으나, 2013년 상장회사에서 임원에게 지급한 보수총액이 122.3억 위안으로 전년 대비 8.2% 증가한 것으로 보아, 역시 중국 임원보수는 지속적으로 빠른 속도로 증가하고 있는 것으로 보인다.

Ⅲ. 임원과 직원 간의 비교

2012년 임원보수의 평균수준은 51만 위안인바, 이는 2012년 도시 非사영업체 일반직원의 평균급여(46,769만 위안)[17]의 약 10.9배이고, 도시 사영업체 일반직원의 평균급여(28,752만 위안)의 약 17.7배이다. 아울러, 북경사범대학 회사지배구조와 기업의 발전연구센터에서는 2012년 연도보고에서 상장회사들이 공시한 임원보수 상위 3명의 평균보수(스톡옵션의 가치를 현금으로 환산하였음)를 계산하였는데, 2,310개 상장회사의 임원보수 상위 3명의 평균치는 63.61만 위안이었는바,[18] 이는 도시 비사영업체 및 사영업체의 일반직원의 평균급여의 약 13.6배 및 22.1배이다. 이처럼 임원보수와 직원급여간의 차이는 상당히 크다.

Ⅳ. 회사 간의 비교

17· 刘学民, 앞의 책, 6쪽.

18· 高明华 · 杜雯翠, 『中国上市公司高管薪酬指数报告[2013]』, 经济科学出版社, 2013, 55쪽.

2012년도 2,430개의 상장회사에서 상위 50개 상장회사의 임원 평균보수[19]를 보면 1위의 萬科회사는 816만 위안(2011년의 최고치 廣發證券의 509만 위안보다 60% 증가)이고, 50위인 浦發銀行은 177만 위안(2011년의 최저치 齊翔騰達의 168만 위안보다 높음)이며, 최고치는 최저치의 4.6배(전년은 3배)이다. 또한 2,430개의 상장회사에서 최상위의 임원보수(1,560만 위안)는 최하위의 임원보수(4.35만 위안)의 345배나 달하는바, 회사 간의 보수 차이는 물론 임원 개인 간의 보수 차이도 매우 큰 것으로 나타난다.

V. 업종 간 및 지역 간의 비교

아래 〈표 4〉[20]를 보면, 2012년 모든 업종에서 금융업의 임원보수 평균수준이 가장 높고 農林牧漁業이 가장 낮다. 금융업 42개 회사의 평균 임원보수는 165.19만 위안으로, 전년대비 하락하긴 했지만 최저업종의 5.67배로서 업종 간의 차이는 아직 크다. 또한 부동산업의 임원보수는 2012년 국가에서 부동산업에 대하여 엄격한 거시적인 규제를 하였음에도 불구하고 지속적인 증가세를 보이고 있다.

19· 刘学民, 앞의 책, 168쪽.

20· 刘学民, 앞의 책, 172쪽.

〈표 4〉 2012년 업종별 상장회사의 임원평균보수(단위: 만 위안)

업종	회사수	최대치	최소치	2011년	2012년
농림목어업	45	71084	7.89	29.04	29.14
채굴업	61	371.78	6.40	55.33	61.14
제조업	1,470	384.14	4.53	38.87	43.18
수도전기가스업	74	116.82	11.97	38.31	44.32
건축업	49	116.29	6.92	48.27	53.49
교통운수창고	77	147.96	13.42	46.72	52.99
정보기술업	196	348.23	12.20	44.79	47.06
도소매무역업	124	237.47	6.93	56.07	58.02
금융업	41	423.13	56.73	195.84	165.19
부동산업	127	816.08	6.17	77.81	89.35
사회서비스산업	81	268.00	14.84	41.73	50.53
미디어문화산업	35	113.85	7.23	52.00	55.64
종합류	50	127.90	9.57	51.05	50.79

2013년 역시 비슷한 양상을 보인다. 전체 업종에 관한 통계는 아직 확보하지 못했지만, 2013년 보수액 기준 상위 10명의 임원보수자료(<그림 1>[21]) 및 임원보수 총액 기준 상위 10개 상장회사의 보수총액자료(<그림 2>[22])를 볼 때, 상위 10명의 임원 중 5명은 부동산업, 4명은 금융업, 1명은 제조업에 종사하는 회사에 속하고, 상위 10개의 상장회사 중에서는 금융업과 부동산업이 총 8개를 차지한다. 금융업과 부동산업이 기타 업종에 비해 임원보수수준이 현저히 높음을 발견할 수 있다.

21· 桑國鋒, 「2013年上市公司高管薪酬排行榜」, 『搜狐证券网』, 2014 http://stock.sohu.com/s2014/caijin142/ (2014.8.13. 최종방문).

22· 桑國鋒, 「2013年上市公司高管薪酬排行榜」, 『搜狐证券网』, 2014 http://stock.sohu.com/s2014/caijin142/ (2014.8.13. 최종방문).

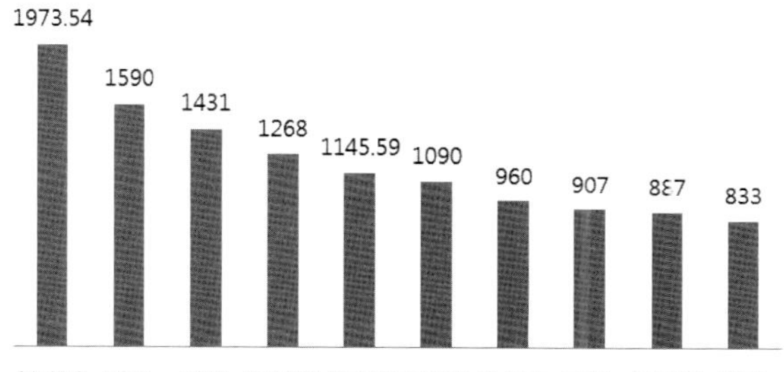

〈그림 1〉 2013년 임원보수 기준 상위 10명

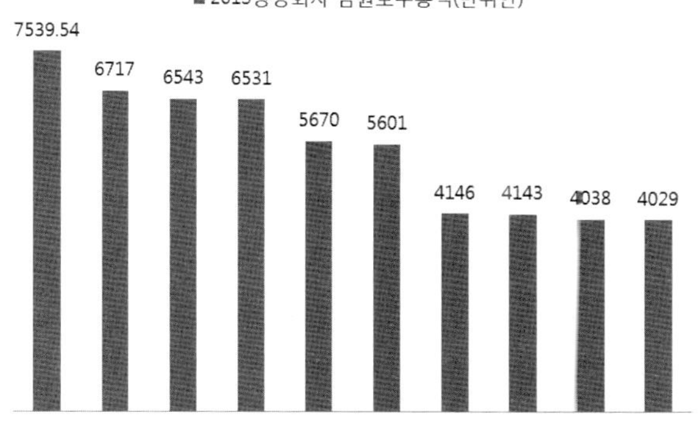

〈그림 2〉 2013년 임원보수총액 기준 상위 10개 상장회사

그 외, 지역상의 차이도 크다. 〈그림 3〉[23]을 보면, 동부지역과

23· 高明华·杜雯翠, 앞의 책, 37쪽.

동북지역은 인센티브가 과도한 회사의 비율이 높고, 서부지역과 중부지역은 인센티브가 부족한 회사의 비율이 높다.

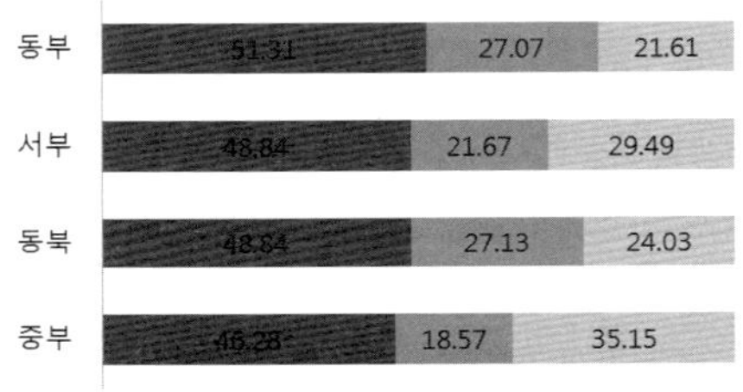

〈그림 3〉 2012년 지역별 상장회사 임원보수 인센티브상황 비교

Ⅵ. 국유회사와 非국유회사의 비교

국유회사와 非국유회사 간의 임원보수 비교에 관한 자료를 보면 각기 상이한 결론을 보인다. 우선, 〈표 5〉[24]를 보면, 국유지분지배상장회사国有控股公司[25]의 임원 평균 보수는 非국유상장회사보다 높다. 단, 그 차이가 점차적으로 줄어들고 있다. 2012년 2,430개의 상장회사에서 국유지분지배상장회사는 996개이고 非국유상장회사는 1,434개인데, 2가지 회사의 임원보수차이는 9.46만 위안으로 전년(13.44만 위안) 대비 3.98만 위안 감소하였다. 또한 국유지분지배상

24· 刘学民, 앞의 책, 173쪽.

25· 국무원의 국유자산감독관리위원회 또는 지방 국유자산감독관리위원회, 지방정부의 기타 부서, 교육부 아래의 高等院校 등이 실제지배인인 상장회사를 말한다.

장회사에서 중앙기업이 지배하는 회사는 지방기업이 지배하는 회사에 비해 임원보수 평균수준이 높다. 아래 표에서 보면 중앙기업지배회사는 지방기업지배회사의 1.18배가 된다.

〈표 5〉 2012년 부동소유제 상장회사(2430개) 임원평균보수수준

소유제성격		수량(개)	2012년 임원평균수입 (만위안)	2011년 임원평균수입 (만위안)	임원평균보수의 최대치 (만위안)	임원평균보수의 최소치 (만위안)
2012	국유지분 지배회사	996	56.43	54.67	371.18	4.53
	그 중: 중앙기업지배	346	62.71	–	323.73	4.53
	지방기업지배	650	53.01	–	371.78	6.09
	非국유회사	1,434	46.97	41.23	816.08	5.26
소유제성격		수량(개)	2012년 임원평균수입 (만위안)	2011년 임원평균수입 (만위안)	임원평균보수의 최대치 (만위안)	임원평균보수의 최소치 (만위안)
2011	국유지분 지배회사	901	54.67	52.92	478.09	5.01
	非국유회사	1,131	41.23	46.44	509.32	4.69

단, 동 자료는 국가 인력자원과 사회보장부에서 深圳國泰安信息技術有限公司의 CSMAR 데이터베이스에 기초하여 상장회사의 이사, 감사 및 고급관리인원의 평균보수(사외이사 제외)를 산정한 결과이다.

아울러, 아래의 국가사회과학기금 중점 프로제트의 연구결과[26]를 놓고 볼 때, 임원보수의 절대치는 같은 결과를 보였지만, 임원보수지수는 상반의 결과를 나타냈다.

26· 高明华 · 杜雯翠, 앞의 책, 66쪽.

〈표 6〉 2012년 국유 및 非국유 지분지배회사 임원보수지수와 절대치 비교

순서	소유제성격	회사수량	평균치	중간치	최대치	최소치	표준차
임원보수지수							
1	非국유지분지배회사	1,344	172.97	80.35	9,915.94	0.16	447.74
2	국유지분지배회사	966	71.38	20.50	7,838.23	0.08	277.23
	총계	2,310	130.49	55,90	9,915.94	0.08	388.89
임원보수절대치(단위: 만 위안)							
1	국유지분지배회사	966	68.61	51.67	1,458.33	5.57	75.97
2	非국유지분지배회사	1,344	60.01	44.57	776.49	3.40	62.47
	총계	2,310	63.61	46.73	1,458.33	3.40	68.56

※ 주: 임원보수지수는 회사 상위 3명의 임원평균보수와 기업 영업수익의 비율임.
임원보수절대치는 회사 상위 3명의 임원평균보수임.
국유지분지배회사는 회사의 최대주주의 지분비율이 30% 이상인 회사임.
非국유지분지배회사는 회사의 최대주주의 지분비율이 30% 이하인 회사와 국유지분이 없는 회사임.

구체적으로, 임원보수의 절대치는 인력자원과 사회보장부의 연구결과와 같이 국유지분지배회사가 非국유지분지배회사보다 높으나, 임원보수지수는 非국유지분지배회사가 국유지분지배회사보다 높은 것으로 나타난다. 그 이유는 임원보수지수는 회사의 영업수익에 대비한 비율인데 국유회사의 영업수익이 非국유회사보다 보편적으로 훨씬 높기 때문이다.

주의하여야 할 점은, 상기 임원보수지수의 산정에 있어 국유지분지배회사의 영업수익은 정부에서 부여하는 각종 지원과 독점의 효과를 배제하지 않아 임원의 노력 외의 원인으로 발생한 경영성과가 포함되어 있다.

따라서, 정확한 관계를 파악하려면 국유기업이 정부에서 받은 정부보조금财政补贴의 확인이 필요하다. 2011년 〈국유기업의 성격표현과 개혁国有企业的性质表现与改革〉보고의 작성자 사회과학원 경제소의 연구원 赵农에 의하면, 2001년 내지 2008년 이래 중국 국유 및

국유지분지배기업의 이윤누적총액은 4,917,480,000,000위안인데, 같은 기간에 감면한 이자, 토지임대료, 자원임대료 및 정부보조금은 총 6,476,691,000,000위안이고, 각종 불필요한 보조금과 저렴한 비용을 배제하면 2001~2008년 국유 및 국유지분지배회사의 평균 실제 순자산수익율ROE은 -6.2%이라고 한다.[27] 즉 국유기업은 2001-2008년에 전반적으로 결손의 상태인 것이다.

때문에, 각종 정부보조금을 감안할 경우, 국유기업의 인센티브는 상기 임원보수지수보다 높을 것으로 예상되고, 일부(상당한 일부일 수도 있음) 회사에서는 인센티브가 과다할 것으로 보인다.

〈표 7〉 2012년 국유 및 非국유 지분지배회사 임원보수 인센티브상황 비교

소유제성격	회사수량	그 중		
		인센티브 적정	인센티브 과도	인센티브 부족
국유지분지배회사	966	446(46.17%)	123(12.73%)	397(41.10%)
非국유지분지배회사	1,344	710(52.83%)	454(33.78%)	180(13.39%)

참고로 위의 임원보수지수(정부보조금을 포함한 실적대비 지수)를 근거로 한 국유지분지배회사와 非국유지분지배회사의 임원보수 인센티브상황 비교자료인 〈표 7〉[28]을 보면, 국유지분지배회사의 인센티브가 과도, 적정 또는 부족한 비율은 각각 12.7%, 46.2%, 41.1%인바, 상기 대규모의 정부보조금 및 지분인센티브 실무상황, 은폐성수입 등을 고려할 때 정확한 수치는 파악할 수 없으나, 인센티브가 과도한 회사의 비율이 상당히 증가할 것으로 보인다. 즉, 국유지분지배회

27· 肖明, 「国企八年获补贴6万亿元, 净资产收益率为负数」, 『腾讯财经网』, 2011 http://finance.qq.com/a/20110303/000169_1.htm (2014.11.27. 최종방문).

28· 高明华 · 杜雯翠, 앞의 책, 68쪽.

사가 非국유지분지배회사에 비해 임원보수가 높은지는 확인할 수 없고, 전반적으로 인센티브가 과도한 경우와 부족한 경우가 공동으로 존재함을 알 수 있다.

Ⅶ. 소결

결론적으로, 중국의 임원보수는 미국에 비해 낮은 수준이지만 최근 지속적으로 빨리 증가하고 있고, 회사, 업종, 지역 및 일반직원 간의 보수 차이가 크다. 국유지분지배회사는 非국유지분지배회사에 비하여 임원보수절대치는 크고 임원보수지수는 낮으며, 각종 정부보조금을 고려할 시 해당 비율 이상으로 인센티브가 과도할 가능성이 있고, 전반적으로는 인센티브가 과도한 경우와 부족한 경우가 공존한다.

제3절
중국임원보수의 입법현황

Ⅰ. 중국의 회사지배구조

2013년 12월 28일에 전국인민대표대회 상무위원회에서 공표한 〈중화인민공화국 회사법〉(2014년 3월 1일부로 시행, 이하 "회사법")의 규정에 따르면, 중국회사[29]의 조직기구는 주주총회, 이사회, 감사회, 경리로 구성되었다.

주주총회[30]는 회사 전체 주주로 구성되는 기관이다. 이사회[31]는 주주총회에서 선임한 이사로 구성되며, 주주총회에 대하여 책임을 진다. 감독기관인 감사회[32]는 주주대표와 일정한 비율의 직원대표를 포함하며, 그 중 직원대표의 비율은 1/3 이하여서는 아니 된다. 그 구체 비율은 정관에서 정하고, 감사회의 직원대표는 회사 직원이 직원대표대회職工代表大會, 직원대회職工大會 또는 기타 형식으로 민주 선거한다(제52조). 그 외 경리[33]는 이사회에서 설치하고 선임 및 해임한다.

29· 중국의 회사는 유한책임회사와 주식유한회사로 나뉜다.

30· 주주총회는 회사의 경영방침과 투자계획을 결정하고, 직원대표가 아닌 이사 · 감사를 선거 및 교체하고, 이사 · 감사의 보수사항을 결정하며, 이사회의 보고, 감사회 또는 감사의 보고, 회사의 연도재무예산방안, 결산방안, 회사의 이윤배분방안과 결손보완방안을 심의비준(審議批准)하고, 회사의 등록자본금의 증감, 회사채권의 발행, 회사의 합병, 분할, 해산, 청산 또는 회사형식의 변경에 대하여 결의(決議)하고, 회사의 정관을 개정하고, 회사정관에서 정한 기타 권한을 행사한다(제37조).

31· 회사의 규모가 작은 경우 이사회를 설치하지 않고 집행이사만 둘 수도 있다. 이사회는 주주총회 회의를 소집하고, 주주총회에 대하여 업무를 보고하며, 주주총회의 결의를 집행하고, 회사의 경영계획과 투자방안을 결정하며, 회사의 연도재무예산방안, 결산방안, 이윤배분방안, 결손보완방안, 등록금 증감 및 회사채권의 발행방안, 회사의 합병, 분할, 해산 또는 회사형식의 변경방안을 제정하고, 회사내부관리기구의 설치를 결정하며, 회사경리의 선임 또는 해임 및 그 보수사항을 결정하고, 경리의 제안(提請)에 따라 회사의 부경리, 재무담당자의 선임 또는 해임 및 그 보수사항을 결정하고, 회사의 기본관리제도를 제정하고, 그 외 정관에서 정한 기타 권한을 행사한다(제46조).

32· 회사의 규모가 작은 경우 감사회를 설치하지 않고 감사를 둘 수도 있다. 감사회는 회사의 재무를 검사하고, 이사 · 고급관리인원의 회사업무집행에 대하여 감독하고, 법률 · 행정법규 · 회사정관 또는 주주총회결의를 위반하는 이사 · 고급관리인원에 대한 해임의 건의를 하며, 이사 · 고급관리인원의 행위가 회사의 이익을 해할 경우, 이사 · 고급관리인원에 대하여 시정할 것을 요구하고, 임시주주총회 소집을 제안하고, 이사회가 회사법 규정에 따라 주총회의를 소집 및 주최(主持)하지 않을 경우 주총회의를 소집 및 주최하며, 주주총회에 제안을 제출하고, 주주대표소송의 관련 규정(제152조)에 따라 이사 · 고급관리인원에 대하여 소송을 제기하며, 회사 정관에서 정한 기타 권한을 행사한다(제53조).

33· 경리는 회사의 필수 설치기관이 아니고 이사회가 임의로 설치할 수 있다. 단 실무에서는 거의 설치하고 있다. 경리는 회사의 경영관리업무를 주최하고 이사회 결의를 조직실시하며, 연도경영계획과 투자방안을 조직실시하고, 회사내부관리기구의 설치방안과 기본관리제도를 제정(拟定)하며, 회사의 구체 규정(規章)을 제정(制定)하고, 회사 부경리 · 재무담당자의 선임 또는 해임을 제안(提請)하며, 이사회에서 결정하여야 하는 인원 이외의 담당관리인원을 선임 또는 해임 결정을 하고, 그 외의 이사회에서 부여한 기타 권한을 행사한다(제49조).

Ⅱ. 임원보수의 결정

1. 회사법의 일반규정

〈회사법〉에 따르면 회사에서 주주총회는 非직원대표의 이사, 감사를 선거 또는 교체하고, 이사, 감사의 보수사항을 결정하는 권한이 있다. 이사회는 주주총회에 대하여 책임을 지고, 회사의 경리經理의 선임 또는 해임 및 보수사항을 결정하고, 경리의 지명에 따라 회사 부경리, 재무담당자를 선임 또는 해임하고 그 보수사항을 결정한다. 아울러, 경리는 이사회에 대하여 책임을 지고, 이사회에서 선임 또는 해임하는 관리인원 외의 관리인원의 선임 또는 해임을 결정한다. 따라서 중국은 이사와 감사는 주주총회가 그 선임과 보수를 결정하고, 경리, 부경리, 재무담당자의 보수는 이사회에서 결정하며 그 외의 관리인원의 보수는 경리가 결정한다.

아울러, 2002년 1월 7일에 국가경제무역위원회, 중국증권감독관리위원회에서 공표한 〈상장회사관리준칙上市公司治理準則〉(2002년 1월 7일부로 시행)에 따르면, 상장회사의 이사회는 주주총회의 관련 결의에 따라, 전략, 감사, 지명提名, 보수 및 평가 등 전문위원회를 설치할 수 있다. 전문위원회는 모두 이사로 구성되고, 감사위원회, 지명위원회, 보수 및 평가위원회에는 사외이사가 다수를 차지하고 소집인을 담당하여야 하며, 감사위원회에는 최소 1명의 사외이사가 회계전문가여야 한다. 보수와 평가위원회의 직책은, 이사와 경리인원의 평가기준을 연구하고 평가[34] 및 건의를 하며, 이사, 고급관리인

34· 임원의 평가에 관하여, 〈상장회사관리준칙〉에 의하면, 이사와 경리 등 고급관리인원의 실적

원의 보수정책과 방안을 연구하고 심사하는 것이다. 전문위원회는 외부기관에 의뢰하여 전문의견을 구할 수 있고, 관련 비용은 회사에서 부담한다. 전문위원회는 이사회에 대하여 책임을 지고, 전문위원회의 제안은 이사회에서 심사 결정한다.

한편 지분인센티브에 관하여 증권감독관리위원회에서 2005년 12월 31일자에 공표한 〈상장회사 지분장려 관리방법(시범시행)上市公司股權激勵管理辦法(試行)〉의 규정에 따르면, 상장회사 이사회 내의 보수 및 평가위원회는 지분인센티브 계획초안을 제정하여 이사회에 제출한다. 이사회에서 초안이 통과되면, 상장회사는 관련 자료를 중국 증권감독관리위원회에 제출하여 등록하고, 증권거래소 및 회사 소재지의 증권감독관리부서에 전달하여야 한다. 중국 증권감독관리위원회에서 이의를 제기하지 않을 경우, 상장회사는 주주총회의 소집통지를 하고, 주주총회는 법정사항에 대해 회의에 출석한 주주의 의결권의 3분의 2 이상으로 결의한다. 따라서, 지분인센티브의 결정권은 주주총회에 있다.

2. 국유회사의 특별규정

회사법은 국유독자회사國有獨資公司35·에 대하여는 특별한 규정을

평가는 이사회 또는 내부에 설치한 보수 및 평가위원회에서 조직실시하며, 사외이사 · 감사의 평가는 자아평가와 상호평가를 결부하는 방식으로 진행한다. 이사회 또는 보수 및 평가위원회에서 이사 개인에 대하여 평가하거나 그 보수에 대하여 토론할 때에는 동 이사는 회피하여야 한다. 이사회와 감사회는 주주총회에 이사, 감사의 직책이행 상황, 실적 평가결과 및 보수상황을 보고하고 공시하여야 한다.

35· 국유독자회사는 국가에서 단독으로 출자하고, 국무원 또는 지방정부가 해당 정부의 국유자산감독관리부서에 권한을 위임하여 출자자의 직책을 이행하는 유한책임회사를 말한다. 국유독자회사는 주주총회를 설치하지 않고, 국유자산감독관리부서에서 주주총회의 직권을 행사한다. 국유자산감독관리부서는 회사의 이사회에 주주총회의 일부 권한을 위임하여 회사

하였다. 국유독자회사의 이사[36] 와 감사는 국유자산감독관리부서国有资产监督管理机构에서 파견하며, 이사와 감사의 보수사항은 국유자산감독관리부서에서 결정하거나 또는 이사회에 권한 위임하여 결정할 수 있다. 경리와 부경리, 재무담당자의 보수사항은 일반회사와 같이 이사회에서 결정한다.

아울러, 국유지분지배기업国有控股的公司 및 국유지분참여기업国有参股的公司 등에 관하여 2004년 6월 2일에 국무원 국유자산감독관리위원회에서 공표한 〈중앙기업 담당자 보수관리 잠정방법中央企业负责人薪酬管理暂行办法(2004년 6월 2일부로 시행)〉에 의하면, 국유지분의 대표는 본 기업의 담당자中央企业负责人의 보수조정의견을 법정절차에 따라 기업 이사회, 주주총회에 제출하여 심사결정할 수 있다. 아울러 국유자산감독관리위원회는 중앙기업담당자의 연도보수방안에 대하여 심의하고, 기업법정대표인의 연도보수방안에 대하여 심사비준한다.[37] 기업의 기타 담당자의 연도보수방안은 기업이 본 방법에 따라 확정한 후 국유자산감독관리위원회에 등록한다. 상기 "심사결정"과 "심사비준"에 대해, 해석상 법정대표인에 대한 국유자산감독관리위원회의 심사가 사전심사인 것으로 보이고, 최종 결정권은 이사회와 주주총회에 있는 것으로 판단된다. 법정대표인 외의 기업담당자는 기업에 결정권이 있고, 국유자산감독관리위원회에는 등록하여야

의 중대사항을 결정하도록 할 수 있다. 단 회사의 합병, 분할, 해산, 등록자본금의 증액 또는 감액과 회사채권의 발행은 국유자산감독관리부서에서 직접 결정하여야 한다.

36· 단, 이사회 구성원 중의 직원대표는 회사직공대표대회에서 선거한다.

37· 중앙기업담당자의 실적은 기본지표와 분류지표에 의하여 판단된다. 기본지표는 이윤총액과 경제가치증가를 포함하고, 분류지표는 국유자산감독관리위원회에서 기업 소재지의 업종특성과 기능에 근거하여 기업경영관리수준과 리스크통제능력 등 요소를 종합적으로 고려하여 정한다. 구체 계산방법은 〈중앙기업담당자 경영실적 평가잠정방법〉의 〈평가세칙〉을 따른다.

한다.

지분인센티브에 관하여, 2006년 1월 27일에 국유자산감독관리위원회와 재정부에서 공동 발표한 〈국유지분지배상장회사(해외)의 지분장려의 시범시행방법国有控股上市公司(境外)实施股权激励试行办法〉과 2006년 9월 30일에 국유자산감독관리위원회와 재정부에서 공동 발표한 〈국유지분지배상장회사(국내)의 지분장려 시범시행방법国有控股上市公司(境内)实施股权激励试行办法〉의 규정에 따르면, 국유지분지배상장회사는 지분인센티브의 주주총회 결의 전에 관련 절차에 따라 해당 국유자산감독관리부서의 심사를 받아야 하고, 중앙기업에서 출자한 3급 이하의 기업이 지배하는 상장회사는 주주총회에서 결의하기 전에 해당 국유자산감독관리부서에 등록하여야 한다.

Ⅲ. 임원보수의 구조

회사법에는 임원보수의 구조에 관한 규정이 없다. 〈중앙기업담당자 보수관리 잠정방법〉에 따르면 임원의 보수는 기본급여基薪, 성과급여绩效薪金, 중장기인센티브中长期激励로 구성되고, 그 중 법정대표인의 기본 급여는 그 실시세칙에서 산정기준을 제시하였는데, 구체적으로 기업 전 연도의 총자산, 주요 영업수익, 순자산, 이윤총액, 기업직원평균급여 등 국유자산관리위원회에서 심사 확인한 재무결산지수를 근거로 한다. 그 외 〈상업은행 온정보수 감독관리지침〉에서는 임원보수를 기본급여, 성과급여, 중장기 인센티브, 복지성 수익 등 현금과 비현금성 각종 권익성 지출로 구성한다고 규정하였다. 단, 지분인센티브에 관해서는 보다 상세한 규정을 하였다.

1. 지분인센티브 관련 상장회사 일반규정

중장기 인센티브에 관하여는 증권감독관리위원회에서 공표한 〈상장회사 지분장려 관리방법(시범시행)〉이 있는데, 동 방법에 의하면 상장회사는 양도제한 조건부 주식限制性股票,[38] 주식매수선택권股票期权[39] 및 법률, 행정법규에서 허용하는 기타 방식으로 지분인센티브股权激励[40]를 실시할 수 있다. 지분인센티브의 부여대상은 상장회사의 이사, 감사, 고급관리인원, 핵심기술(업무)인원 및 회사에서 장려하고자 하는 기타 직원을 포함할 수 있는데, 사외이사는 포함되지 않는다.

아울러 〈지분인센티브 관련 사항 비망록 1호股权激励相關事項备忘录1號〉(2008년)에 의하면, 5% 이상의 지분을 가진 주요주주 또는 실제 지배인实际控制人은 원칙상 부여대상이 될 수 없으나, 주주총회의 결의를 거칠 경우 가능하다. 단, 관련 주주는 주주총회에서 동 사항에 대해 표결 시 회피하여야 한다. 5% 이상의 지분을 가진 주요주주 또는 실제 지배인의 배우자 및 직계존비속이 장려대상의 조건에 부합될 경우, 장려대상이 될 수 있다. 이 역시 주주총회에서 표결 시 관련 주주는 회피하여야 한다.

인센티브주식은 신주발행, 자기주식의 교부, 그 밖에 법률 · 행정법규에서 허용하는 방식을 통하여 부여한다. 상장회사의 유효한

---

38 · 양도제한 조건부 주식은 장려대상이 지분인센티브계획에서 정한 조건에 따라 상장회사에서 취득하는 일정한 양의 회사주식을 말한다.

39 · 주식매수선택권은 상장회사가 장려대상에게 부여한 미래의 일정한 기한 내에 사전에 약정된 가격과 조건으로 본 회사의 일정한 양의 주식을 구매할 수 있는 권리를 말한다.

40 · 지분인센티브(股权激励)는 상장회사가 본 회사의 주식을 대상으로 회사의 이사, 감사, 고급관리인원 및 그 직원에 대하여 부여하는 장기 인센티브이다.

모든 지분인센티브 관련 주식의 총 수량은 회사 주식총액의 10%를 초과할 수 없고, 주주총회의 특별결의를 통하지 않는 한, 임의의 부여대상이 지분인센티브를 통하여 취득한 모든 주식은 회사 주식총액의 1%를 초과할 수 없다.

주식매수선택권의 부여일과 행사시기의 간격은 1년 이상이어야 하고, 주식매수선택권의 유효기간은 부여일로부터 10년을 초과하여서는 아니 된다. 주식매수선택권의 유효기간 내에, 상장회사는 장려대상에게 수회로 분할하여 권리를 행사하도록 정하여야 한다.[41] 주식매수선택권의 유효기간 만료 후 이미 부여하였지만 권리를 행사하지 않은 주식매수선택권은 행사할 수 없다.

그 외에, 상장회사의 재무회계서류에 허위기재가 있을 경우, 책임이 있는 장려대상은 동 재무회계서류의 공고일로부터 12개월 내에 지분인센티브에서 취득한 모든 이익을 회사에 반납하여야 한다.

2. 지분인센티브 관련 국유상장회사 특별규정

〈국유지분지배상장회사(국내)의 지분장려 시범시행방법〉은 국유회사의 지분인센티브에 관하여 별도의 규정을 하였다.

국유지분지배상장회사[42]의 지분인센티브의 부여대상은 원칙적으로 상장회사의 이사, 고급관리인원 및 상장회사의 전반 실적

---

41. 예컨대, 권리행사 유효기간이 4년인데 4등분하여 매년 25%의 주식매수선택권을 행사할 수 있다.

42. 정부 또는 국유기업이 50% 이상의 지분을 보유하거나, 보유한 지분이 50%에 미치지는 않지만, 실제지배권을 갖고 있거나 보유한 지분으로 주주총회의 결의에 중대한 영향을 미칠 수 있는 상장회사를 말한다.

과 지속발전에 직접적인 영향을 미치는 핵심기술인원과 관리인원에 제한되며, 상장회사의 감사, 사외이사 및 상장회사 및 상장회사의 지분지배회사 이외의 인원이 담당하는 외부이사[43] 는 잠정적으로 지분인센티브계획에서 배제한다.

상장회사의 모회사의 담당자는 상장회사에서 직무를 담당할 경우 인센티브를 부여할 수 있으나, 1개 회사의 지분인센티브만 부여할 수 있다. 지분인센티브 부여일자에 상장회사의 5% 이상의 의결권이 있는 지분을 보유한 자에게는 주주총회의 동의 없이 지분인센티브를 부여할 수 없다.

지분인센티브계획의 유효기간 내에 부여한 지분총량은 상장회사 지분규모의 크기와 지분인센티브 부여대상의 범위, 지분인센티브의 수준 등 요소를 고려하여 0.1%~10% 내에서 정하여야 한다. 단, 상장회사의 모든 유효한 지분인센티브계획에 관한 부여주식총량은 회사지분총액의 10%를 초과할 수 없다. 상장회사에서 최초로 지분인센티브를 실시하여 부여한 지분수량은 원칙상 상장회사 지분총량의 1% 이내로 통제하여야 한다. 또한, 상장회사의 임의의 부여대상이 유효한 지분인센티브계획에서 취득한 본 회사 지분은 누적하여 회사지분총액의 1%를 초과할 수 없다. 단, 주주총회에서 특별결의로 동의한 경우는 제외한다.

지분인센티브계획의 유효기간은 주주총회 통과일로부터 계산하여 10년을 초과할 수 없고, 유효기간이 만료한 경우, 상장회사는 본 계획에 근거하여 여하한 지분도 부여할 수 없다.

43· 외부이사는 국유 지분 지배주주가 법에 따라 추천하고, 상장회사와 상장회사의 지분지배회사 이외의 인원이 담당하는 이사를 말한다. 외부이사는 사외이사를 포함한다.

지분인센티브계획의 유효기간 내에서, 주식매수선택권은 권리행사 제한기간行權限制期과 권리행사 유효기간行權有效期을 정하여야 하고, 정한 시간표에 따라 수회로 분할하여 권리를 행사하여야 한다. 권리행사 제한기간은 지분수여일로부터 지분발효일 즉 권리행사 가능한 일자까지인데, 원칙적으로 2년 이상이어야 하고, 제한기한 내에는 선택권을 행사할 수 없다. 권리행사 유효기간은 지분발효일로부터 지분실효일까지의 기간이고, 3년 이상이어야 한다.

지분인센티브계획의 유효기간 내에서, 양도제한 조건부 주식의 양도제한기간禁售期은 2년 이상이어야 하고, 양도제한기간이 만료되면 지분인센티브계획과 실적지표 수행상황에 따라 부여대상이 양도할 수 있는 지분수량을 확정한다. 양도제한 해제기간解锁期은 3년 이상이어야 한다.

단, 2009년 〈금융류 국유 및 국유지분지배기업의 담당자 보수관리 관련 문제에 대한 통지关于金融类国有和国有控股企业负责人薪酬管理有关问题的通知〉(財金[2009]2號)에서는 금융위기로 국유 및 국유지분지배금융기업에서 지분인센티브를 잠정 중단시키도록 하였다.

Ⅳ. 임원보수의 공시

〈공개발행증권의 회사정보 공시내용과 격식준칙 제2호(연도보고의 내용과 격식)公开发行证券的公司信息披露内容与格式准则第2号—年度报告的内容与格式〉(이하 "2호문") 및 〈상장회사 지분장려 관리방법(시범시행)〉은 상장회사의 임원보수의 공시를 규정한 주요 법 규정이다.

〈2호문〉에서는, 회사는 이사, 감사와 고급관리인원의 상황을

공시하여야 한다고 규정하였다. 구체내용은 다음과 같다:

①기본상황: 현임 및 보고기간 내에 이임離任한 이사, 감사, 고급관리인원의 성명, 성별, 연령, 임기의 시작일자와 종료일자, 연초와 연말에 보유하고 있는 회사 지분, 주식매수선택권, 부여한 양도제한 조건부 주식의 수량, 연도 내의 지분증감수량 및 증감변동의 원인. 사외이사일 경우, 별도로 기재.

②현임 이사, 감사, 고급관리인원의 최근 5년간의 주요 근무경력. 이사, 감사, 고급관리인원이 주주인 업체에서 임직할 경우, 그 직무 및 임직기간, 그리고 주주 외의 기타 업체에서 임직 또는 겸직하는 상황을 설명.

③연도보수상황: 이사, 감사와 고급관리인원의 보수의 결정절차, 보수의 확정근거 및 지급하여야 하는 보수상황. 보고기말의 每 현임 및 보고기 내에 이임한 이사, 감사와 고급관리인원에게 보고기간 내에 회사에서 부여한 보수의 총액 및 그 주주로부터의 보수수령상황. 보고기말의 전체 이사, 감사와 고급관리인원이 실제로 취득한 보수합계. 그 외, 이사, 감사와 고급관리인원이 취득한 지분인센티브에 관하여, 회사는 제한해제주식已解锁股份, 제한미해제주식未解锁股份, 권리행사가능주식可行权股份, 권리 기행사 주식已行权股份, 행사가격 및 보고기말의 시가를 단독으로 기재.

④보고기 내에 선거 또는 이임한 이사와 감사, 해임 또는 해직한 고급관리인원의 성명, 그리고 이사, 감사의 이임과 고급관리인원의 해임원인.

아울러, 지분인센티브에 대하여, "중대사항" 부분에서는 다음의 내용을 공시하도록 하였다: 회사는 지분인센티브계획의 본 보고기한 내의 시행상황을 공시하여야 한다. 구체적으로, 지분인센티브계획의 이행관련 절차 및 전체 상황, 인센티브주식의 부여방식, 인센티브대상의 평가 상황, 인센티브 대상범위의 조정상황 및 이행 절차, 인센티브주식의 수여수량 및 제한해제解锁상황, 주식매수선택권의 수여 및 권리행사 상황, 주식매수선택권의 권리행사가격 및 수량의 조정상황 및 이행의 절차, 지분인센티브계획의 실시가 회사 보고기한 내 및 그 후 각 연도재무상황과 경영성과에 미치는 영향, 인센티브기금基金의 인출상황, 지분인센티브와 관련되는 기타 사항. 또한, 인센티브 대상의 권리행사로 인한 주주 변동 상황, 인센티브의 회계처리방법 등도 공시하여야 한다.

V. 임원보수의 적정성

1. 한도에 대한 통제

중국정부는 금융위기 이래 임원보수의 적정성을 확보하기 위하여 보수 한도에 관한 규정을 공표하였는데, 주로 국유금융기업을 상대로 한다.

2008년 금융위기로 인해, 중국 재정부는 〈국유금융기구 2008년 고급관리인원의 보수배분 문제에 관한 통지〉를 공표하였다. 동 규정에 따르면 고급관리인원의 보수(과세 전, 기본급여, 실적급여, 사회보험, 각종 복지 등을 포함)는 2007년도의 90%를 초과하여서는 아니 되고, 2007년 대비 경영실적이 하락한 경우 위 기준에서 다시 10% 감액한다. 또한 본 통지 발부 전에 각 국유금융기구에서 이미 지급한 2008년도의 고급관리인원의 보수가 상기 원칙의 상한을 초과한 부분은 2009

년도의 보수에서 공제하거나 반납하여야 하고, 2009년도의 고급관리인원의 보수는 2008년도에 확인한 금액의 1/2을 초과하지 않는 한도 내에서 지급하여야 한다.

아울러, 재정부에서 2009년 1월 13일에 발부한 〈금융류 국유 및 국유지분지배기업의 담당자 보수관리 관련 문제에 대한 통지〉에서는 구체적인 상한선은 제시하지 않았지만, 각 국유 및 국유지분지배 금융기업에서 2008년 금융위기 형세 하에 각 담당자의 보수를 통제하여 국정國情에 어긋나지 않는 당시의 경제형세, 업계발전 및 자신의 상황에 부합되는 보수를 지급할 것을 규정하였다. 또한 국유 및 국유지분지배금융기업이 잠정으로 지분인센티브계획을 중단할 것을 요구하였다.

같은 해 4월에 공표한 〈금융류 국유 및 국유지분지배기업 기업담당자 보수관리방법(의견수렴안)金融类国有及国有控股企业负责人薪酬管理办法(征求意见稿)〉에서는 금융류 국유 및 국유지분지배기업 기업담당자의 기본 급여는 최고 70만 위안이고 최저 5만 위안이며, 실적보수는 기본급여의 3배 이내여야 한다는 규정을 하였다. 하지만 동 수렴안은 최종 통과되지 않았다.

역시 2009년 9월에 발부된 〈중앙기업 담당자 보수관리를 가일층 규범화하는 지도의견〉에 의하면, 중앙기업의 임원보수는 전년도 중앙기업의 직원평균급여의 30배를 초과하여서는 아니 된다.[44]

그 밖에 2010년에 공표한 〈상업은행 온정보수 감독관리지침〉에서는 상업은행의 기본급여를 보수총액(기본급여, 실적급여, 중장기인센티브 등을 포함한다)의 35% 이하로 제한하였고, 상업은행의 주요담당자의 실적급

---

44 · Lin Lin, op. cit, p.220.

여를 기본급여의 3배 이내로 제한하였다.

최근 발표한 규정은 2013년의 〈국무원 사무실의 수입배분 제도 개혁을 강화하는 중점업무의 분장 관련 통지国务院办公厅关于深化收入分配制度改革重点工作分工的通知〉(国办函[2013]36號)인데, 동 규정에 의하면 국유기업의 임원의 보수증폭은 기업 직원의 급여증폭보다 낮아야 한다.

참고로, 2014년 8월 29일 중앙정치국 회의에서 〈중앙관리기업 주요담당자 보수개혁방안中央管理企业主要负责人薪酬制度改革方案〉이 통과되어, 임원보수는 다시 핫이슈로 달아올랐다. 관련 기사에서는 중앙기업 주요담당자의 임원보수를 회사 직원의 10배로 제한하거나,[45] 공무원의 급여를 기준으로 책정할 것이라고 하는데,[46] 아직 개혁방안의 구체적인 내용이 공개되지 않아 분명하지 않다.

2. 법원의 통제

중국은 판례의 공시[47]가 최근에야 시행되어 관련 정보가 크게 부족하나, 현재 공개된 자료(최고법원의 公報[48] 및 裁判文書网 상의 판례)로서는 아직 과다보수에 관한 판례가 없다. 이사, 감사, 및 고급관리인원에 대한 충실의무, 근면의무 등의 규정과 이러한 의무 위반 시의 손해배상 및 주주대표소송 등 규정이 있기 때문에, 이론상으로는 관련 당사자가 제소하면 과다보수에 대한 법원의 통제도 가능하다(예컨대

45· 中国民航报,「国企高管薪资: 将来或不超员工10倍」,『凤凰网』, 2014 http://finance.ifeng.com/a/20140910/13092123_0.shtml (2014.11.27. 최종방문).

46· 21世纪经济报,「央企薪酬改革方案参照公务员标准」,『新浪网』, 2014 http://gz.house.sina.com.cn/news/2014-11-11/06394582877.shtml (2014.11.27. 최종방문).

47· 最高人民法院关于人民法院在互联网公布裁判文书的规定, 法释[2013] 26号, 2014년 1월 1일부로 시행.

48· 1989년부터 일부 중요한 판례와 법령을 공표함.

충실의무 위반 시).[49] 단, 주주총회의 결의를 거치지 않은 이사의 보수에 관한 판례는 2014년도에 1건[黃江源与大连天歌传媒股份有限公司劳动合同纠纷二审民事判决书 (2014)大民五終字 第7號][50]이 있는데, 동 판결에서는 주주총회의 분쟁 관련 보수의 결의가 없기 때문에 보수를 인정하지 않았다. 관련 사건에서는 이사회에서도 관련 이사의 개별보수를 정하지 않았고, 분쟁초점이 관련 급여지급계약의 진위 여부에 있었기 때문에 사실 관계에 대하여는 구체적으로 논하지 않겠다. 단, 동 사건은 주주총회에서 이사보수에 관한 결의가 없는 경우 관련 보수를 인정하지 않은 점과, 노사분쟁으로 노동중재위원회의 중재[51]를 거친 후에 법원에 소송을 제기한 점이 주목할 만하다. 2014년 이전의 판례는 자료가 확보되지 않아 확인할 수 없지만, 유사한 사례가 있을 것으로 보인다.

49· 〈회사법〉에 의하면, 이사, 감사, 고급관리인원은 법률, 행정법규와 회사정관을 준수하여야 하고, 회사에 대하여 충실의무와 근면의무를 부담하고 있다(제147조). 또한 이사, 감사, 고급관리인원이 회사의 직무 집행 시, 법률, 행정법규 또는 회사 정관의 규정을 위반하여 회사에 손실을 입힐 경우 손해배상책임을 부담하여야 한다(150조). 이사, 고급관리인원이 상기 규정 위반 시, 유한책임회사의 주주, 주식유한회사의 180일 이상 단독 또는 합계로 회사 지분의 1% 이상의 주식을 지속적으로 보유한 주주는 서명으로 감사회 또는 감사회를 두지 않은 유한책임회사의 감사에게 법원에 제소할 것을 청구할 수 있다. 감사가 상기 규정을 위반할 경우, 상기 주주는 서면으로 이사회 또는 이사회를 설치하지 않은 유한책임회사의 집행이사에게 법원에 제소할 것을 청구할 수 있다. 감사회, 감사회를 두지 않은 유한책임회사의 감사, 또는 이사회, 집행이사가 전 조항에서 정한 주주의 서면 청구를 받은 후 제소를 거부하거나, 서면청구를 받은 날로부터 30일 내에 제소하지 않은 경우, 또는 상황이 심각하여 즉시 제소하지 않으면 회사이익에 만회할 수 없는 손실이 발생할 경우, 전 조항의 주주는 회사의 이익을 위하여 자신의 명의로 직접 법원에 소송을 제기할 수 있다(제151조).

50· 裁判文書网, 「黃江源与大连天歌传媒股份有限公司劳动合同纠纷二审民事判决书」, 2014 http://www.court.gov.cn/zgcpwsw/ln/lnsdlszjrmfy/ms/201402/t20140227_401968.htm (2014.11.27. 최종방문).

51· 〈노동분쟁조정중재법(中华人民共和国劳动争议调解仲裁法)〉(2008)에 의하면, 노사분쟁 발생 시, 우선 노동중재위원회의 중재재판을 거친 후에야 법원에 소를 제기할 수 있다.

Ⅵ. 소결

중국의 임원보수는 주로 〈회사법〉, 〈증권법〉, 〈상장회사관리준칙〉, 〈공개발행증권의 회사정보 공시내용과 격식준칙 제2호(연도보고의 내용과 격식)〉, 〈상장회사 지분장려 관리방법〉, 〈국유지분지배상장회사(국내)의 지분장려 시범시행방법〉, 〈상장회사 정보공시 관리방법〉, 〈기업국유자산법〉, 〈중앙기업담당자 보수관리 잠정방법〉, 〈중앙기업담당자 경영실적 평가잠정방법〉 등 법률에 의해 규제된다.

임원의 보수결정에 있어서는, 일반상장회사의 경우 주주총회가 이사와 감사의 보수를 결정하고, 이사회에서 고급관리인원의 보수를 결정한다. 국유상장회사인 경우에는 중앙기업담당자의 보수 결정전에 통상적으로 국유자산감독관리위원회의 심사비준을 받아야 한다. 지분인센티브의 결정에 있어서도 마찬가지이다.

임원보수의 구조에 있어서, 기본급여나 실적급여에 관한 규정은 거의 없고, 지분인센티브에 관한 규정이 있는데, 역시 일반 상장회사와 국유 상장회사로 구분된다. 단 2개 법의 차이는 주로 지분인센티브의 부여대상과 유효기간에서 차이가 있다.

임원보수의 공시에 있어서는 일반상장회사와 국유상장회사에 차이가 없다. 임원보수의 공시는 개별임원의 보수총액의 공시를 요구한다.

보수의 적정성에 있어서는 일반상장회사와 국유상장회사 모두 사법에 의한 구제를 받지 못하고 있고, 한도에 의한 규제는 주로 국유상장회사의 금융회사에 대한 행정통제로 이루어진다.

05

중국 임원보수제도의 문제점

앞서 설명한 바와 같이 중국 임원보수수준은 디국에 비하여는 낮은 수준이지만 지속적으로 빨리 증가하고 있고, 인센티브가 과도한 경우와 인센티브가 부족한 경우가 공존하고 있다. 따라서 본 부분에서는 위에서 설명한 실무와 입법현황을 토대로, 중국의 임원보수제도의 위 문제점과 그 원인에 대해 분석한다. 아래서는 구체적으로 임원보수의 결정, 구조, 공시 및 보수의 적정성 부분으로 나누어 설명하도록 한다.

제1절
임원보수의 결정

임원보수의 결정과정에서 내부자에 의한 지배內部人控制[1]·는 가장 큰 문제라 할 수 있다. 내부자에 의한 지배는, 일반 현대회사의 소유권과 경영권이 분리하여 경영인이 실제로 또는 법에 따라 회사의 지배권을 장악하여 그 이익이 회사의 전략적인 결정에서 나타나는 현상을 말한다.[2]

중국의 경우, 국유상장회사에서의 내부자에 의한 지배와 민영상장기업의 내부자에 의한 지배가 있다. 전자의 경우, 대주주(중국 전 국민)의 결원缺位 및 국가의 행정지배력으로 인하여 국가에서 임명한 고급관리인원이 회사를 지배하는 것이고, 후자의 경우 대주주의 지배권이 강함으로 인하여 그의 고급관리인원이 회사를 지배하는 것이다. 이는 미국의 경영자지배와는 다르다. 미국의 경영자지배는 소유자와 경영자의 분리로 인하여 소유자의 지배권이 점점 약화되어 임원이 회사의 보수사항에 지배권을 가지는 것이지만, 중국의 경우는 소유권과 경영권이 제대로 분리되지 않음으로 인한 것이다. 내부자에 의한 지배에 대해 분석하려면 중국회사의 지배구조와 결부하여 그 원인을 설명하여야 한다.

I. 지배주주의 존재

내부자에 의한 지배의 가장 큰 원인은 당연히 지분이 고도로 집중되어 있고 지배주주가 보편적으로 존재하는 현실이다. 2013년 지분구조 관련 자료에 의하면, 최대주주의 보유지분비율이

1· 한편 중국의 학자 吴敬琏은 내부자에 의한 지배를 "한 기업의 내부자가 실질적으로 투자, 이윤의 배분 등에 대해 가지는 지배권"이라고 정의하였다. 경영자지배와 유사한 개념이다. 沙雪妮, 「公司内部人控制法律规制研究」, 『黑河学刊』 总203期 第6期, 2014, 60쪽.

2· 青木昌彦 · 钱颖一, 『转轨经济中的公司治理结构内部人控制和银行的作用』, 中国经济出版社, 1995, 4쪽.

40% 이상인 회사는 총 2,515개 회사의 38.25%를 차지하고, 최대주주와 제2주주의 보유지분비율이 40% 이상인 회사는 총 상장회사의 60.81%를 차지한다. 중앙국유지분지배상장회사의 경우 그 집중도가 더욱 심각한데, 최대주주의 보유지분비율이 40% 이상인 회사는 55.65%를 차지하고, 최대주주와 제2주주의 보유지분비율이 40% 이상인 회사는 74.31%를 차지한다. 지방국유지분지배상장회사 역시 마찬가지로, 최대주주와 전 2대주주가 40% 이상의 지분을 보유하는 회사의 비율이 각각 47.07%, 63.08%이다. 민영상장기업은 국유기업에 비해서는 상대적으로 낮았지만, 지분 집중도가 역시 낮지 않았는바, 최대주주와 2대주주가 40% 이상의 지분을 보유하는 회사의 비율은 각각 31.65%, 57.8%이고, 10대 주주의 지분비율이 50% 이상인 회사가 총 민영상장회사의 70.95%였다.[3]

아래 〈표 8〉[4]의 상위 100개[5] 상장회사의 최대주주 지분비율 관련 자료를 보면 중국 상장회사의 지분 집중도가 더욱 선명하다.

---

3 李拥军, 「纵览国内上市公司股权结构」, 『中国钢铁新闻网』, 2014 http://www.csteelnews.com/xwzx/djbd/201407/t20140728_250851.html (2014.11.27. 최종방문).

4 Lin Lin, "Regulating Executive Compensation in China: Problems and Solutions", *Journal of Law & Commerce* Vol.32, No.2, 2014, p.231.

5 상위 100개 상장회사는 시가가 전체 상장회사의 시가의 60%를 차지하고, 총 자산은 A주 총 상장회사의 90%를 차지하며, 순이익은 총이익의 80%를 차지한다.
公司治理研究中心, 「2012年中国上市公司100强公司治理评价」, 『青瀚咨询网』, 2012 http://www.protiviti.com/zh-CN/Documents/CN-Headline/CN-2012-Corporate-Governance-Survey-Report.pdf (2014.11.27. 최종방문).

〈표 8〉 최근 3년 상위 100개 상장회사의 최대주주 지분비율 통계

	2010	2011	2012
평균비율(%)	46	45	43
최대비율(%)	86	86	86
최소비율(%)	20	19	20

중국의 지분구조의 고도집중과 지배주주의 존재는 지배주주가 지배권을 남용하여 사적이익PBC[6] 을 추구할 수 있도록 한다. 물론, 지배주주의 막강한 권력은 경영자보수가 과도하게 높아지는 것을 용납하지 않을 것이다.[7] 경영자지배이론에 의하면 회사 최대주주의 지분보유율은 CEO의 보수금액과 반비례관계에 있다고 한다. 예컨대, 관련 연구에서는 지분보유율이 CEO보다 많은 주주의 존재가 CEO의 보수를 평균 5% 감소시켰다고 한다.[8] 단, 이는 다수의 대주주가 공존하는 경우의 결과이고, 중국의 경우는 지분구조가 지나치게 집중되어 최대주주와 기타 주주의 차이가 너무 크고 기타 대주주와 최대주주의 견제가 이루어지지 않고 있는바, 최대주주의 절대적인 지배, 전문경영인의 결여, 보수결정의 불합리, 공시의 결여로 인해 오히려 이 지배권을 이용하여 사적이익을 추구할 수 있다. 사적이익을 추구하는 방법에는 임원보수를 높게 정하는 방법, 자신이나 자신의 아들이 지배하는 회사와 거래를 통하여 회사 재산을 빼돌리는 등 여러 가지 유형이 있겠지만, 중국의 경우는 한국이나 미국과 달리 국유회사의 비중이 상당히 크기 때문에

6· 김건식, 『기업지배구조와 법』, 소화, 2010, 235쪽.

7· 김건식, 위의 책, 236쪽.

8· Cyert, Kang, and Kumar, "Corporate Governance, Takeovers, and Top-Management Compensation: Theory and Evidence", *Management Science* 49, 2002, pp.453~469.

후계자에게 경영권을 물려주는 것보다, 공시의 결여 등 허점을 이용하여 임원보수를 높게 설정하는 방법 또는 은폐성수입을 늘리는 등의 방법을 더 선호할 것이다.

II. 감독기능의 결여

중국 임원보수의 감독기능은 법규정상은 감사회가 담당하지만, 중국의 회사지배구조는 미국, 독일, 일본의 일부 구정을 혼합하여 도입하였는바, 그 감독주체를 감사회, 사외이사 또는 보수위원회,[9] 이사회로 나눌 수 있다.

1. 감사회의 감독

우선, 감사회의 감독기능에 있어, 회사지배구조상 중국은 종래 중국회사법이 대륙법계인 것으로 인식하고 감사회는 이사 또는 고급관리인원을 감독하는 기관인 것으로 알고 있다. 단, 독일법상 감독이사회는 이사를 선임할 권리가 있고 이사의 보수 역시 감독이사회에서 결정하는 실질적인 권리가 있는 반면, 중국의 감사회는 회사재무에 대한 "검사권", 이사 및 고급관리인원의 해임에 대한 "건의권", 주주총회에 대한 "제안권", 이사회 결의사항에 대한 "질문권" 또는 "건의권" 등 형식상의 감독권만 가지고 있어 독일

[9] 기관 구조상으로는 이사회의 하부위원회이지만, 보수위원회는 통상 사외이사의 과반수로 정한다는 점에서 독립이사와 함께 두어 분석한다.

감사회와 같은 강력한 감독을 할 수 없다. 아울러, 독일법상의 공동결정제도, 직원이 참여하는 노조의 보호제도, 집체결정제도 등과 유사한 제도도 뒷받침되지 않았다.[10] 실무적으로도 감사회는 이사회의 재무상황 등에 대하여 대부분 "재무보고에 이견이 없다", "회계사 의견에 동의한다"는 형식적인 의견만 진술하고 있다. 따라서 회사지배구조에서 감독기관인 감사회는 자신의 감독기능을 현실적으로 수행하지 못하고 있는 것으로 보인다.

2. 사외이사 또는 보수위원회의 감독

회사법은 일부 영미제도도 도입했는바, 이사회 내에는 다수의 사외이사로 구성된 보수 및 평가위원회를 설치하여 보수방안을 작성할 수 있다. 또한, 사외이사는 이사회 또는 주주총회에서 아래 사항에 관하여 독립적인 의견을 발표할 수 있다. 1.이사에 대한 지명, 임명 또는 해임. 2. 고급관리인원의 선임 또는 해임. 3. 이사, 고급관리인원의 보수.[11] 실무적으로 대부분의 회사는 1/3 이상의 사외이사를 두고 있고, 보수위원회도 설치하고 있다. 단, 아래 〈표 9〉[12]를 살펴보면, 사외이사 비율의 각 인센티브구간의 차이가 크지 않아 평균치가 37.5%이고, 변화는 상하 5%를 초과하지 않는다. 이는, 상장회사가 사외이사 비율을 1/3로 하는 증권감독관리위원

10· 감사회에서 일정한 비율의 직원대표를 회사직원이 직원대표대회를 통하여 선거할 수 있지만, 직원대표는 또한 회사지배층의 산하 직원이기에 종속관계가 존재하여 독일과 같은 감독을 수행하기가 어렵다.

11· 〈상장회사 사외이사제도 제정 관련 지도의견(关于在上市公司建立独立董事制度的指导意见)〉, 2001년 8월 16일부로 시행.

12· 高明华 · 杜雯翠, 『中国上市公司高管薪酬指数报告[2013]』, 经济科学出版社, 2013, 87쪽.

회의 요구에는 부합하지만, 그것이 임원보수에 대하여는 큰 영향을 미치지 않았음을 설명한다. 아울러, 인센티브가 과도한 회사 중 보수위원회의 설치비율이 가장 높고, 인센티브가 적절한 회사와 인센티브가 부족한 회사의 보수위원회 설치비율이 낮으며, 3자의 차이는 크지 않다. 이는 초보적으로 보수위원회의 설치가 단지 증권감독관리위원회의 지배구조 개선요구에만 부응하였고, 임원보수에 대한 영향은 크지 않음을 설명한다.

〈표 9〉 인센티브구간별 상장회사의 지배구조 특성지표의 평균치

변량	인센티브 부족	인센티브 적절	인센티브 과도
사외이사 비율 (out_ratio)	0.375	0.370	0.377
이사장 및 총경리의 겸임 (dual)	0.121	0.257	0.320
보수위원회 설치 (commettee)	0.927	0.930	0.942
기관투자자의 지분보유비율 (ins_inves)	8.875	7.529	7.335

※ 주: 표 중의 수치는 각 변량의 평균치이다. 이사장과 총경리의 겸임의 변량은 가상변량이고, 이사장과 총경리가 동일한 인물일 경우는 1로 하고, 이에 반할 경우 0으로 한다. 또한 보수위원회 설치변량은 가상변량이고, 상장회사가 보수위원회를 설치하였을 경우는 1로 하고, 이에 반할 경우 0으로 한다.

따라서, 사외이사와 보수위원회의 감독기능의 문제는 그 독립성에 있다. 그 원인을 보면, 선임에 있어 사외이사는 상장회사의 이사회, 감사회, 단독 또는 연합하여 상장회사 발행주식의 1% 이상의 지분을 보유하고 있는 주주는 사외이사를 추천할 수 있다. 사외이사는 소수주주의 입장을 대변해야 하지만, 지배주주의 지배권 영향을 받는 사외이사는 현실적으로 이사회의 임원보수에 대해 독립적인 의견을 제시하기 어렵다. 실무자료 역시 대부분의 사외

이사가 이사회의 제안에 동의한 것으로 나타났다. 2011년 상해 증권거래 시장에는 3,081명의 사외이사가 있는데, 보고기간 내에 총 26개 회사의 38명의 사외이사가 관련 사항에 대하여 이의를 제기하였고, 그 비율은 상해증권거래소 상장회사 총수의 2.77%, 사외이사 총수의 1.23% 밖에 되지 않는다. 그 중 임원의 선임에 관하여 사외이사가 이의를 제기한 회사는 단지 4개뿐이다.[13]

즉, 중국의 사외이사 또는 보수위원회는 인원수나 기관의 설치상 관련법 규정에 부합되지만, 독립성이 부족하여, 감독기능이 결여된다.

3. 이사회의 감독

이사회 역시 경리를 선임하는 기관으로서 경리 및 기타 고급관리인원을 감독할 의무가 있다. 단, 주주총회 및 경리의 이사회에 대한 권한 잠식 및 권한 배분의 불명확과, 이사회와 고급관리인원의 겸임으로 인해, 이사회의 감독기능은 상당히 위축되어 있다.

(1) 이사회 권한의 잠식 및 권한배분 불명확

아래 〈표 10〉을 보면, 회사법상 주주총회, 이사회, 경리의 경영권한의 배분이 명확하지 않음을 발견할 수 있다. 우선, 동일한 내용에 대해 주주총회는 분명한 최종결정권을 갖고 있다. 그 외, 회사법은 담보류의 이익상충거래,[14] 경영금지, 회사기회이용 등 기

13· Lin Lin, op. cit, p.241.

14· "담보류의 이익상충거래"는 회사가 주주 또는 실제지배인에게 담보를 제공하는 경우를 말한다.

타 나라에서 이사회의 권한으로 되어 있는 권리를 주주총회에 배정하였고, 주주총회는 "회사정관에서 정한 기타 권한"도 갖고 있어 정관으로 업무집행권을 확장할 수 있다. 한편, 경리는 회사 기본 규정을 정할 권리가 있어, 기본 규정을 통하여 이사회의 권한을 잠식할 가능성이 있다. 구체 용어 역시 명확하지 않다. 예컨대, "투자계획"과 "투자방안", "경영계획"과 "경영방안"은 어떤 차이가 있는지, "제정"과 "방안의 제정", "결의"와 "결정" 또는 "심의비준"의 차이를 알 수 없다.

〈표 10〉 회사기관의 권한분배

	주주총회	이사회	경리
경영방침과 투자계획	결정(37.1.1)		
경영계획과 투자방안		결정(46.1.3)	
연도 경영계획과 투자방안			조직실시(49.1.2)
연도재무예산방안, 결산방안	심의비준(37.1.5)	제정(46.1.4)	
이윤배분방안과 결손보완방안	심의비준(37.1.6)	제정(46.1.5)	
회사 자본등록금의 증감 및 회사채권의 발행	결의(37.1.7; 37.1.8)	방안의 제정(46.1.6)	
회사의 합병, 분할, 해산, 청산 또는 회사형식의 변경	결의(37.1.9)	방안의 제정(46.1.7)	
내부관리기구의 설치		결정(46.1.8)	초안을 제정(49.1.3)
회사의 기본관리제도		제정(46.1.10)	초안을 제정(49.1.4)
구체 규정(規章)			제정(49.1.5)

따라서 권한배분 관련 규정의 불명확은 경리와 주주총회가 이사회의 권한을 잠식할 수 있는 조건을 제공하여, 이사회의 형해화

를 초래하고, 그나마 이사회를 통하여 경영에 참여하고자 하는 소수주주의 발언권이 더욱 약화되며, 지배주주의 지배권은 더욱 막강하게 된다.

(2) 이사회와 고급관리인원의 겸임

우선 아래 〈그림 4〉와 같이 미국과 독일의 지배구조를 비교하여 보면, 미국은 주주총회, 이사회, 임원의 구조로 되어 있고, 독일은 주주총회, 감독이사회, 경영이사회의 구조로 되어 있는데, 독일의 공동결정제도와 감사와 이사의 분리원칙을 제외하면, 구조적 차이는 사실상 줄어들어 거의 비슷하다. 독일의 임원보수수준은 미국에 비해 상대적으로 낮은데,[15] 그 차이는 공동결정제도 외에, 감사와 이사의 겸임금지 즉 독일은 감독기능과 업무집행기능이 원칙적으로 분리되어 있기 때문에 감독기능을 담당하는 이사회와

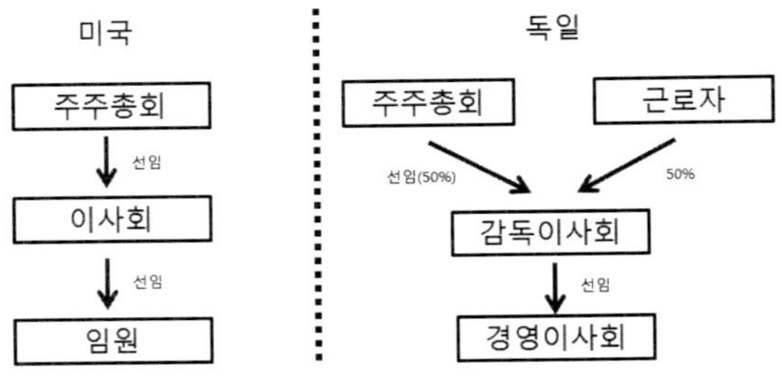

〈그림 4〉 미국의 일원적체제와 독일의 이원적체제의 비교

15· 미국의 노동총연맹산업별조합회의(AFL-CIO)의 임원-종업원 보수 격차 자료 및 한국의 금융감독원 전자공시시스템과 임금근로시간 정보시스템을 이용하여 분석한 결과, 100대 기업의 평균 대표이사 보수 평균치와 종업원 평균보수간 비율은 미국은 354배, 독일은 147배인 것으로 나타났다. 한국경제연구원, 「임원보수 개별공시 논의에 대한 쟁점 및 평가」, 『KERI Brief』 14-09, 2014, 5쪽.

업무집행자인 임원이 일부 중첩된 미국보다 보수의 규제가 더 효과적인 것으로 보인다.

중국의 경우 역시 이사와 감사의 겸임금지 규정이 있지만, 감사회는 상응한 실질적인 감독권한이 없고, 사외이사는 독립성이 결여되므로 그 감독기능은 이사회에 기대하여야 한다. 이사와 감사의 겸임금지 원리는 감독자는 감독 받는 자가 될 수 없다는 것인데, 이사회가 감독기능을 담당하게 될 경우, 이사회의 구성원인 이사는 당연히 그의 감독을 받는 고급관리인원이 되어서는 아니 된다.

하지만, 중국은 〈회사법〉 제114조에서 이사회 구성원이 경리를 겸임하는 것을 법적으로 허용하였다. 그 외 국유기업의 경우에는 〈중국기업국유자산법〉(2009)에서 국유독자회사와 국유자본지분지배회사의 이사장과 경리의 겸임을 제한하였는데, 주주총회나 국유자산감독관리위원회의 동의를 얻은 경우에는 겸임할 수 있도록 함으로써 겸임의 가능성을 완전히 배제하지는 않았다.[16] 감독자와 감독을 받는 자의 겸임을 허용하는 것, 즉 이사와 고급관리인원의 겸임은 자아감독으로서 이사회의 고급관리인원에 대한 감독을 차단하게 한다.

2011년 상해증권시장에서 이사는 총 8,938명이고, 고급관리인원은 총 5,663명인데, 1,766명의 고급관리인원이 이사를 겸임하였다. 이사 중에서 약 1/3은 사외이사이고, 나머지 2/3에는 비상근이사도 있으므로, 실제로 경영에 참여하는 이사의 최소 30% 이상이

16· 제25조: 출자자의 직책을 이행한 부서의 동의 없이 국유독자회사의 이사장은 경리를 겸임할 수 없고, 주주총회의 동의 없이 국유자본지분지배회사의 이사장은 경리를 겸임할 수 없다.

고급관리임원을 겸임하는 것이다.[17]

아울러, 미국의 실증연구에 의하면, CEO가 기타 직무를 겸임할 때 그 보수는 더 높게 책정되는 것으로 나타났고,[18] 위에서 본 〈표 9〉에서 설시하는 중국의 연구결과도 역시 같은 결과를 보여주고 있다. 동 결과에 의하면, 이사장과 총경리의 겸임지표상 인센티브가 부족한 상장회사에서는 겸임의 경우가 가장 적고, 인센티브가 적절한 회사의 겸임수치는 중간 정도였으며, 인센티브가 과도한 회사에서의 겸임현상이 가장 많았다. 이사장이 총경리를 겸임할 경우, 임원의 보수에 대한 영향이 큰 것으로 나타났다.

즉, 중국의 주주중심주의 삼각형(주주총회, 이사회, 감사회)의 회사지배구조[19]는 외국의 감사회제도, 사외이사제도, 보수위원회제도 등을 도입하였으나, 정책이나 경제수요로 기본정신이나 구체 기능원리를 소화하지 못한 일부 내용만 도입하여[20] 세 주체의 감독기능 모두 제대로 발휘하지 못하는 선천적인 결함을 갖게 되었고, 지배구조의 선천적 결함은 임원보수의 결정에 있어서 이사회에 관한 감사회, 보수위원회 또는 사외이사의 감독이 모두 무력한 결과를

---

17. 上海证券交易所资本市场研究所年报专题小组, 「沪市上市公司2011年度董事, 监事和高级管理人员履职情况分析」, 『中证网』, 2012 http://www.cs.com.cn/sylm/jsbd/201208/t20120807_3443919.html (2014.11.27. 최종방문).

18. Lucian Bebchuk, Jesse Fried, "Pay without Performance－The Unfulfilled Promise of Executive Compensation", Harvard University Press, 2009, pp.59~61.

19. 邓峰, 「中国公司治理的路径依赖」, 『中外法学』 제20권 제1기, 2008, 62쪽.

20. 예컨대, 최초 사외이사제도를 도입한 회사는 1988년 홍콩에서 상장하고자 홍콩 관련부서의 요구에 따라 사외이사를 설치하였다. 그 후, 1993년 青島啤酒는 홍콩거래소에서 상장하면서, 국내에서 사외이사제도를 제정하였고, 1997년 중국 증권감독관리위원회는 〈상장회사 정관지침〉의 제112조에서 상장회사는 수요에 따라 선택적으로 회사 정관에 사외이사제도를 설치할 수 있고, 강제규정은 아니며, 사외이사를 맡을 수 없는 사항에 대하여 규정하였다. 즉, 사외이사제도를 도입한 직접원인은 지배구조의 개선이 아니라 당시의 경제수요에 의한 것이었다. 李建伟, 『独立董事制度研究－从法学与管理学的双重角度』, 中国人民大学出版社, 2004, 138쪽.

초래하게 된 것이다.

Ⅲ. 행정임명 및 행정 간섭

임원 행정임명과 임원보수 결정과정에서의 행정 간섭은 국유회사의 내부자에 의한 지배의 가장 직접적인 원인이다.

상기 〈표 5〉와 같이 중국 상장회사에서는 국유지분지배회사의 비율이 약 41%를 점한다. 그 중 국유기업의 임원은 국가에 의한 임명 또는 파견 비율이 절대적이다.

〈그림 5〉[21]를 보면 국유기업의 현임 임원은 약 71%가 정부주관부서나 공무원에서 임명되고, 〈그림 6〉[22]을 보면 국유기업의 경영자는 주관부서에서 임명하는 비율이 57.5%이고, 이사회 임명, 직원대표대회의 선거, 경선投标竞选, 인력시장의 초임 및 기타 방식이 전체에서 차지하는 비율은 각각 31.5%, 2.5%, 2%, 2.5%, 4%이다. 특히 이사회의 다수 권력은 정부에 좌우되므로 이사회 구성원은 사실상 정부가 임명하는 것과 다름이 없다. 즉 국유기업의 임원의 약 71%, 그 중 경영자는 약 89%가 정부에 의하여 결정되는 것이다.

---

21 王红领, 『决定国企高管薪酬水平的制度分析[J]』, 现代经济探讨, 2006, 17쪽.

22 王红领, 위의 책, 18쪽.

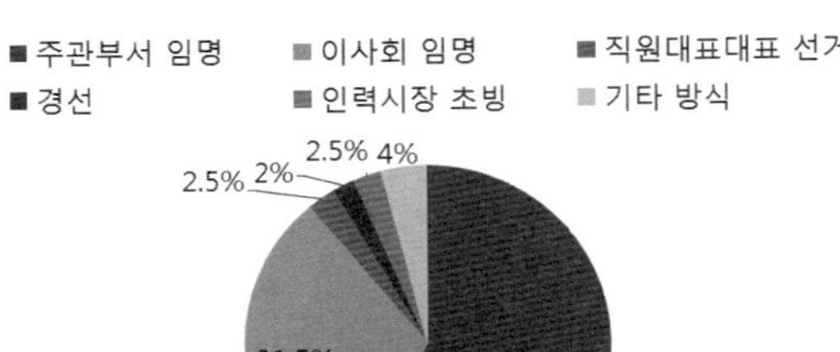

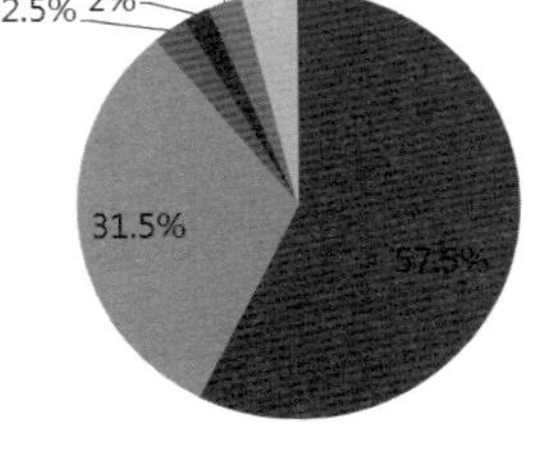

〈그림 5〉 국유기업의 경영자 선임방식

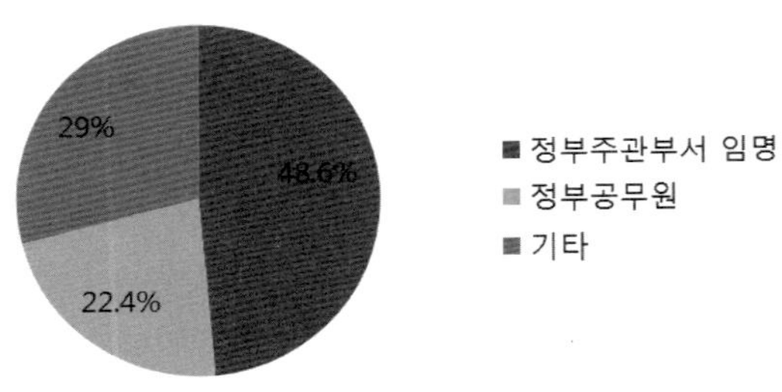

〈그림 6〉 국유기업 현임 임원의 선임방식

아울러 상해증권거래소의 조사통계에 의하면, 60% 이상의 국유지분지배상장회사의 임원은 행정직급을 갖고 있다.[23] 임원은 행정직급의 평가에 의해 정부부서의 승진 임명을 받을 수 있다. 즉, 이 경우, 임원은 회사의 이익이 아닌 행정승진을 목표로 하는 경영을 할 동기를 갖게 된다.

23· 上海证券交易所, 『研究中心中国公司治理报告(2006)』, 复旦大学出版社, 2007, 134쪽.

그 외, 앞서 서술한 바와 같이 국유자산 감독관리위원회는 보수결정에 있어 주주총회 결의 전에 심사권이 있다. 즉, 국유자산감독관리위원회의 심사는 주주총회 결의의 사전단계이므로 결정권이 있는 것과 마찬가지이다. 따라서 소수주주의 대표나 사외이사 등이 국유자산감독관리위원회의 보수방안에 대해 이견을 발표하기가 어렵고, 주주총회와 이사회의 보수결정에 대한 감독 또한 어렵게 된다.

Ⅳ. 국유회사 대주주의 결원

중국의 국유기업은 그 특수성으로 인하여 내부에 다단계의 위임대리관계를 갖고 있다. 최초의 위임인은 중국국민이고 최종 대리인은 국유기업의 경영자이다. 최초의 위임인과 최종 대리인 사이에는 국가가 있는데, 특성상 국가는 비인격주체로서 각 급의 국가 부서를 통해 관리한다. 이에 최초의 위임인으로부터 국유기업의 경영자까지 전국인민대표대회, 국무원, 해당 급의 지방정부, 국유자산관리위원회, 국유자산운영부서를 거치게 된다. 이처럼 다단계를 걸친 긴 위임대리사슬은 최종 대리인에게 최초 위임인의 의지를 반영하는 것을 상당히 어렵게 한다. 즉, 긴 의임대리사슬은 중국국민 즉 대주주의 결원을 초래하여, 국유기업의 경영자는 대주주 결원의 상황 하에 막강한 권력을 행사할 수 있는 것이다. 따라서 국유기업의 경영자는 회사의 이익이 아닌 자신의 인사임명에 유리한 경영을 하고, 고액보수를 정할 동기와 현실가능성을 구비한다.

V. 소결

상기 서술을 종합하면, 중국의 임원보수 결정은 지배주주의 존재와 지배구조의 선천적인 결함(감사회, 독립이사, 이사회)으로 인하여 감독기능의 결여되었고, 대주주의 경영인을 통한 지배를 초래하였으며, 국유기업의 경우 위 요소와 위임대리사슬, 행정임명 및 행정 간섭은 국유기업의 내부자에 의한 지배를 초래하였다.

제2절
임원보수의 구조

I. 임원보수와 회사실적 연동성

우선, 회사실적지표에 관한 아래 〈표 11〉[24]을 살펴 볼 때, 자기자본이익율 수치는 인센티브가 과도한 회사, 적절한 회사, 부족한 회사의 순으로 감소된다. 이는 자기자본이익율이 높을수록 회사의 임원보수의 수준이 높음을 말한다. 단, 자산수익률 수치를 놓고 보면, 통계결과는 일치한 결론을 얻지 못했다. 인센티브가 적절한 회사가 평균치가 가장 높았고, 인센티브가 과도한 회사의 평균치가 가장 낮았다. 이는 재무실적과 회사임원보수 사이에 연관성이 낮음을 말한다.

또한 총자산증가율 수치상, 인센티브가 부족한 상장회사의 평

24· 高明华 · 杜雯翠, 앞의 책, 88쪽.

균치가 가장 높고, 인센티브가 적절한 회사의 평균치는 그 중간이며, 인센티브가 낮은 회사의 평균치가 가장 낮았다. 이는 성장성이 높은 상장회사의 임원보수수준이 낮다는 것을 말한다. 단, 영업이익수익율의 통계결과는 또 다르다. 따라서 통계결과상 회사성장성과 회사 임원보수의 관계 역시 연관성을 갖지 못했음을 설명한다.

〈표 11〉 인센티브구간별 상장회사의 회사실적지표 평균치

수치	인센티브가 부족한 회사	인센티브가 적절한 회사	인센티브가 과도한 회사
자기자본이익율(ROE)	5.760	6.237	6.314
자산수익율(ROA)	3.815	4.789	2.022
총자산증가율(Growth_assets)	211.897	37.243	13.874
영업이익수익율(Growth_rev)	11.196	11.054	91.361

※ 주: 표 중의 수치는 각 변량의 평균치이다.

즉, 중국의 임원보수는 재무실적 및 회사성장성과 연관성이 낮다. 이는 중국의 임원보수 수준이 미국에 비하여 상대적으로 낮음에도 불구하고 국민들이 과다하다고 인식한 가장 큰 원인이다. 예컨대, 2012년 상장회사의 전체실적의 증가속도는 하락하였지만, 임원보수는 여전히 지속적인 증가세를 보였다. 관련 자료에 의하면, 2012년의 875개 회사의 임원보수총액은 48.2억 위안에 달해 전년대비 9.81% 증가하였지만, 전년도 실적대비 증가율은 단지 1.72%였다. 심지어, 그 중 151개의 非금융 중앙기업의 실적은 전년대비 전반적으로 하락하였으나, 임원보수는 여전히 7.25%의 증가세를 보였다. 또한, 그 중 실적이 하락한 398개의 기업 중에서도 239개의 임원보수는 여전히 증가하였다. 특히 方大特鋼의 이사장의 보수총액은 15,167,000위안에 달하여 전년의 2,000,000위안 대

비 658%나 증가하였지만, 실적은 전년대비 28% 가까이 하락하였다.[25] 아래 〈표 12〉[26]를 보면 더 구체적인 상황을 파악할 수 있다.

〈표 12〉 2012년 A주 상위 10개 상장회사의 임원보수 및 순이익 증가율

순위	주식명칭	임원보수 증가율(%)	순이익 증가율(%)
1	Vanke-A	-3.93	30.40
2	Ping An Bank	59.3	30.39
3	Fangda Special Steel	72.73	-27.61
4	TCL Group	-7.28	-21.43
5	Xingye Securities	39.33	9.42
6	AVIC Real Estate	28.66	28.66
7	Sanyou Chemical	-13.67	-13.67
8	Metersbonwe	-23.72	-29.55
9	Tianhong Shopping	-4.12	2.4
10	Huawen Media	-14.67	5.35

즉, 보수의 다소가 실적과 연계되어 높은 실적에 따라 보수가 인상되거나 낮은 실적이 적은 보수로 반영되지 않고, 이익이 없거나 심지어 손실이 발생하였는데도 고액의 보수를 지급하였기 때문에 국민들이 보수가 과다하다고 인식한 것이다.

Ⅱ. 장기 인센티브의 부족

아래 〈표 13〉[27]을 보면 2012년 滬 · 深의 2,494개의 상장회사

25· 陈燕, 「151家央企去年业绩下滑, 高管年薪仍涨7.25%」, 『中国宁波网』, 2013 http://news.cnnb.com.cn/system/2013/03/29/007675141.shtml (2014.11.27. 최종방문).

26· Lin Lin, op. cit, p.222.

27· 刘学民, 『中国薪酬发展报告[2012]』, 中国劳动社会保障出版社, 2013, 174쪽.

중 253개의 회사가 스톡옵션, 제한부주식과 주식평가권 등 지분인센티브 형식을 취하였는바, 전체 상장회사의 10.1%를 차지한다. 그 중 27개의 회사가 동시에 2가지의 인센티브방식(주로 스톡옵션과 양도제한 조건부 주식을 조합하였고, 소수는 스톡옵션과 주식평가권을 조합함)을 사용하였고, 1개 회사三五互聯가 3가지의 인센티브방식을 사용하였다.

〈표 13〉 2012년 253개 상장회사의 임원 지분인센티브방식 일람표

인센티브방식 (O=스톡옵션, R=양도제한 조건부 주식, A=주식평가권)	회사수량(개)
O	133
R	88
A	4
O, R	24
O, A	3
O, R, A	1
합계	253

따라서 임원이 회사이익의 최대화를 목표로 하는 경영에 대한 인센티브가 부족할 수밖에 없고, 중장기 인센티브의 부족은 단기 실적을 위한 위험한 경영도 초래할 수 있다

Ⅲ. 지분인센티브의 입법미숙

지분인센티브를 규정함에 있어 관련법은 미흡한 부분이 존재한다.

첫째, 지분인센티브의 부여대상에 관하여 〈상장회사의 지분장려 관리방법(시범시행)〉은 단지 〈지분장려 관련 사항 비망록 1호〉

를 통하여 원칙적인 금지규정을 하였을 뿐 주요주주, 실제 지배인, 배우자와 직계존비속을 완전히 배제하지 않아, 현실적으로 지배주주 또는 실제지배인이 지배력을 남용하여 사익을 추구할 수 있다.

둘째, 주식매수선택권의 부여일로부터 행사시기까지의 간격이 최소한 1년으로 되어 있어, 통상 지급하는 연도보너스 등과 같은 단기 실적을 목표로 하는 단기 인센티브와 구분이 되지 않아, 장기적인 인센티브를 부여하는데 한계가 있다. 행사기간을 분할하여 행사하는 경우도 실무적으로 일반 1년의 단위로 분할하므로, 이 역시 행사간격이 너무 짧기 때문에 장기 인센티브의 효과를 기대하기 어렵다.

셋째, 주식매수선택권의 행사기간을 분할하여 정한 기한에 따라 수회 선택권을 분할하여 행사하여야 하는 조항에 있어, 정한 기한 내에 선택권을 행사하지 않았을 경우 또는 실적조건을 달성하지 못하여 행사할 수 없을 경우, 당해 주식을 다음 행사기간으로 이전할 수 있는지 불분명하다. 실무적으로는 당해 행사기간에 선택권을 행사하지 않을 경우 관련 주식을 말소하는 경우도 있고, 다음 행사기간으로 이전하여 그 다음해에 실적조건에 부합될 경우 행사가능토록 하는 경우도 있다.

넷째, 실무에서는 국유회사의 경우 국유주주와 임원이 인센티브계약에서 직접 임원이 일정한 기한 내에 주식을 구매하여야 하는 의무를 규정하는 경우가 있어, 임원의 선택권 또한 제한된다. 예컨대, 무한국유독자회사의 인센티브에 대하여 법정대표인의 급여가 기본급여, 연도수입年均收入 및 리스크수입으로 나뉘는데, 리스크 수입은 회사에서 경영책임서 및 실제 경영실적에 따라 확정하여, 그 중의 30%는 현금으로 지급하고, 70%는 스톡옵션으로 전환하여 지급하는 방식을 취하고 있다. 이는 스톡옵션이 아니라 경영자의 리스크수익의 일부로 회사 주식을 구매하는 것이기에, 경영자의 재산으로 회사의 리스크를 강제로 부담하도록 하는 것이므로 스톡옵션 또는 중장기 인센티브의 최초 목적에 위반 된다.[28]

다섯째, 국유회사의 경우, 지분인센티브를 단지 형식적으로만 부여하고, 실제로는 임원들로 하여금 관련 이익을 회사에 반납하도록 하는 경우도 있다. 2009년 中国海洋石油有限公司의 1,200만 위안의 고액보수가 기사화되어 파장을 일으켰는데, 실제로는 상장회사에 의하여 공시된 보수와 관련 임원이 실제로 취득한 보수는 큰 차이가 있었다. 사실의 경위는, 정부에서는 석유업계의 회사가 해외에서 상장하도록 하기 위하여 시범으로 中国海洋石油회사의 홍콩에서의 상장을 허가하였고, 중국기업의 투자에 대한 해외투자자의 우려를 해소하기 위하여, 국가 관련 부서의 허가를 받고 中国海洋石油는 국제관행과 홍콩회사의 기준에 따라 회사 임원의 보수를 포함한 일련의 인센티브제도를 제정하여 자본시장에 공시하였다. 단, 실제로는 모든 임원은 2001년 상장한 날로부터 이사회에서 허가한 수익을 모회사에 기부하였는바, 공시된 보수는 단지 명의상의 보수이고, 실제 수입은 실적평가를 토대로 국무원 국가자산감독위원회의 심사를 거쳐 관련 규정에 따라 확정하였다.[29] 이와 같이 행정 간섭으로 인한 형식적인 지분인센티브는 당연히 인센티브의 역할을 할 수가 없다.

---

28. 徐民 · 方妙, 「论国有企业高管薪酬规制的路径选择」, 『法商研究』 제1기, 2013, 38쪽.
29. 安蓓 · 张艺, 「中海油称高管千万元薪酬为名义收入」, 『南國今報』 2009.4.15.

여섯째, 임원보수 구조상 중장기 인센티브의 부족과 실적 연관성의 저하는 과도의 은폐성 수입 즉 과도한 직무소비를 초래하였다. 북경사범대학 회사지배구조와 기업의 발전연구센터에서 연구한 바에 따르면, 2,086개의 상장회사에서 약 800개(38.35%) 회사의 직무소비 수치가 현금흐름표 "지급한 경영활동과 관련된 기타 자금순환" 항목의 주석註釋에 기재되었고, 1,286개(61.65) 회사의 직무소비수치는 "관리비용" 항목의 주석에 기재되었다. 2개의 자료 출처를 비교하여 볼 때, "지급한 경영활동과 관련된 기타 자금순환" 항목의 주석에서 산출된 직무소비 평균치는 5,681만 위안이었고, "관리비용" 항목의 주석에서 산출된 직무소비의 평균치는 2,893만 위안으로서, 전자는 후자의 1.96배가량 된다. 즉, 양자의 통계방법이 다름을 설명하는바, "관리비용" 항목의 주석 상의 직무소비는 과소평가되었다. 총 금액으로부터 볼 때, 2,086개의 상장회사의 2012년 직무소비 총액은 826억 위안이고, 평균치는 3,962만 위안이다. 8개의 세부내역에서 점유비율이 가장 큰 3개의 항목은 사무실 경비 322.50억 위안(39%)이고, 출장비용은 244.16억 위안(29.53%)이며, 업무접대비는 173.94억 위안(21.04%)이고, 기타 5개 항목(통신비용, 해외직원훈련비용, 이사회비용, 차량유지비, 회의비용)은 모두 5% 이하이다. 동 연구센터는 단지 고액의 직무소비로는 보수구조의 非합리성을 증명할 수 없다는 전제하에, 경영실적을 결부하여 분석 및 검토한 결과, 직무소비는 일종 대리인비용으로서 인센티브가 부족한 회사에서는 직무가 유효한 인센티브로 작용하였고, 인센티브가 과도한 회사에서는 회사에 손해를 입혔다는 결론을 내렸다.[30] 즉, 인센티브가 부

30· 高明华 · 杜雯翠, 앞의 책, 118~132쪽.

족하든 과도하든 직무소비는 임원이 자신의 수입을 늘리는 수단으로 사용되었다는 것이다. 비록 엄격하게 말하여 직무소비는 보수가 아니고, 직무소비 또한 구체적으로 회사에 필요한 지출과 임원의 사적소비를 구분할 수 없지만, 과도한 직무소비는 일정한 측면에서 인센티브 부족으로 인하여 임원이 직무소비를 자신의 수입을 늘리는 수단으로 남용함을 반영한다.[31]

Ⅳ. 소결

요컨대 임원보수의 구조에 있어, 중국임원보수는 보수와 실적간의 연동성이 낮고, 장기 인센티브가 부족하여 주로 단기 인센티브를 부여하고 있으며, 장기 인센티브 즉 지분인센티브의 입법상 허다한 문제점이 존재하여, 임원에게 장기적이고 효과적인 인센티브가 부여되지 않고 있다.

제3절
임원보수의 공시

임원보수의 공시에 있어서 공시는 심도 및 범위 상 모두 부족하다. 중국의 임원보수 공시 관련 규정 및 실무 중의 공시사례를 살펴보면 임원보수의 공시에 있어서 아래와 같은 문제점을 발견할 수 있다.

31· 宋晶, 『国企高管薪酬制度改革路径与模式研究』, 经济科学出版社, 2013, 64쪽.

I. 보수의 분산공시

중국은 임원보수의 공시에 대해서 <2호문> 및 <상장회사 지분장려 관리방법(시범시행)> 등에서 세부규정을 두었지만, 공시내용이 너무 분산적이다. 보수에 관한 금액, 지분, 인센티브, 회사실적 등의 내용은 "주주변동 및 주주상황", "이사, 감사와 고급관리인원", "이사회보고", "중대사항", "재무제표 주석" 5개 부분에 제각기 분산되어 있고, 통일적이지 않다. 예컨대, 2013년도 萬科회사의 연도보고서[32]를 살펴보면, 우선 "회사재무상황" 부분에서 회사의 영업수익, 이윤총액 등을 도표의 방식으로 기술하였고, "이사회 일상경영상황" 부분에서 보수 및 지명위원회의 직무이행상황에 대하여 보고기간 내에 회의 소집 회수와 토론내용을 공시하였다. 그 외, "중대사항" 부분에서 스톡옵션 장려계획에 대하여 문자의 방식으로 주로 본 계획을 이행하는 절차, 권리행사 상황, 각 연도 재무상황과 경영성과에 대한 영향을 서술하였다. 또한 "회사지배구조公司治理" 부분에서 고급관리인원의 평가 및 장려제도의 제정, 실시상황에 대하여 문자의 방식으로 서술하였다. 회사실적 부분의 정보는 "회사재무상황" 부분에 있다. 공시내용의 분산은 주주 또는 투자자가 그 정보를 수집하는데 있어 많은 수집 시간과 비용을 부담하게 하여 임원보수의 감독비용을 높인다.

32· 万科企業, 「万科企业股份有限公司2013年年度报告」, 『新浪网』, 2014 http://money.finance.sina.com.cn/corp/view/vCB_AllBulletinDetail.php?stockid=000002&id=1309847 (2014.11.27. 최종방문).

Ⅱ. 공시내용의 범위

보수구조에 대한 공시가 부족하다. 공시 관련 규정 〈2호문〉에서는 개별이사의 보수를 공시할 것을 요구하였지만, 이사의 보수총액만 요구하였을 뿐 구체적인 보수구조에 대한 공시 규정은 없다. 아래 〈표 14〉를 보면, 萬科회사는 연도보고서의 "이사, 감사, 고급관리인원 및 직원상황" 부분에서 이사, 감사, 고급관리인원의 기본상황 및 주요경력을 서술하였고, 회사에서 수령한 보수 및 관련 정보에 대하여 아래와 같이 공시하였다.

〈표 14〉 이사, 감사, 고급관리인원의 보수표

성명	王石
직무	이사회주석
성별	남
연령	63
임기	2011.3-2014.3
연초 주식보유수량	6,817,201
연말 주식보유수량	7,617,201
변동원인	(1)
스톡옵션 수여수량	6,600,000
2013년 스톡옵션의 권리행사 주식수	800,000
2013년 말 수여한 스톡옵션 권리행사가능한 수	3,820,000
회사에서 수령한 공세후의 보수총액(만 위안)	904
납부한 개인소득세	686
주주 또는 기타 관련업체에서 보수를 수령하는지 여부	수령

※ 주: (1)보고기간 내에, 스톡옵션 장려대상은 보유한 일부 스톡옵션을 행사하여, 보유한 주식수량이 상응하게 증가함.

위 연도보고서에서는, 주식매수선택권과 보수총액에 대해서만 공시하였을 뿐 기타 실적관련 보수에 대해서는 파악하기 어렵다.

임원보수의 구성, 성과 연계 수준, 산정절차 등 관련 사항은 주주가치를 도모하는 투자자에게 매우 중요한 정보이다. 보수의 많은 부분이 성과급으로 구성된다면, 이를 늘리기 위해 경영진은 보다 높은 수준의 성과경영을 지향할 가능성이 크고, 만일 비교적 단기에 행사 가능한 스톡옵션이 과도한 규모로 지급되었다면, 오히려 위험 경영을 조장할 우려가 있다. 성과가 일정 기간 유지되는 경우에 한해 해당 기간에 걸쳐 성과급을 나눠 지급하는 보수체계는 중장기의 성과 경영을 이끌 수 있다.[33] 그러나 현행 공시규정으로서는 임원보수에서 기본급, 상여금(실적급여), 퇴직금 등이 구체적으로 어떤 비율로 되어 있는지 알 수 없고, 임원보수의 보수정책, 실적평가, 임원보수와 실적간의 연관정도, 직무소비[34] 등의 내용 또한 공시를 요구하지 않는다. 따라서 주주 및 투자자는 임원보수 중 실적 연동 보수의 비중을 알 수 없고 그 임원에 대한 능력평가, 실적과의 대비도 파악하기 어렵다.

Ⅲ. 공시위반의 처벌

〈2호문〉은 회사 이사회, 감사회, 이사, 감사, 고급관리인원이 연도보고의 진실성, 정확성에 대하여 개별적인 연대책임을 부담한다

---

33. 송민경 · 윤진수 · 정재규, 「개인별 임원 보수의 사업보고서 기재 현황 분석」, 『BFL』 제65호, 2014, 16~30쪽.

34. 직무소비는 엄격하게 말해서 보수는 아니지만, 실무 중 임원이 수입을 늘리는 중요한 수단이기 때문에 공시가 필요하며, 실제로 공시방식에 있어 직무소비 관련 구체적인 규정이 없어 회사에서 제각기 상이한 방법으로 공시하였는바, 확실한 직무소비 비율, 보수와의 관계 등을 파악하기 어렵다.

고 하였으나 그 구체 규정이 없고, 〈상장회사 정보공시 관리방법〉은 정보공시의무인 등의 정보공시 위반 시의 조치[35] 를 규정하였으나 너무 경미하며, 〈증권법〉은 다소 강력한 규정[36] 을 하였으나, 실무에서는 주로 경고와 소액의 벌금 조치만 취하고 있고, 법위반 행위에 대하여 누적하여 한 번에 처벌하는 경향[37] 이 있다. 또한 〈상장회사 지분장려 잠정방법〉에서는 재무회계보고서에 허위기재 시 12개월 내에 관련 이익을 반납하는 규정을 두었는데 이 또한 허위기재의 구체 근거가 없어 실무적으로 운용한 사례가 발견되지 않는다. 즉, 공시 관련법의 위반행위에 대한 처벌강도가 부족하고 입법이 미비한 것이다.

Ⅳ. 소결

결론적으로, 중국임원보수의 공시는 공시내용이 너무 분산되어 있고, 보수구조와 실적과의 관계에 있어 공시범위가 협소하여 보

---

35 · 정보공시의무인, 이사, 감사, 고급관리인원, 상장회사의 주주, 실제지배인, 인수인 및 그 이사, 감사, 고급관리인원이 정보공시에 관한 법률 위반 시, 중국 증권감독관리위원회의 시정, 담화(監管談話), 경고장, 신용공문서(檔案)에 기록 및 공고, 부적격인으로 인정 등 조치를 취할 수 있다.(59조)

36 · 193조: 발행인, 상장회사 또는 기타 정보의무인이 관련 규정에 따라 정보공시를 하지 않거나 또는 허위정보, 오도(誤導)성 정보를 공시하거나 중대한 정보를 누락할 경우, 시정 또는 경고와 함께 30만 내지 60만 위안의 벌금 처분을 할 수 있다. 직접 책임지는 담당자와 기타 직접담당자는 경고와 3만 내지 30만 위안의 벌금을 내릴 수 있다. 발행인, 상장회사 또는 기타 정보공시의무인이 관련 규정에 따라 보고서를 제출하지 않거나 또는 허위정보, 오도(誤導)성 정보를 공개하거나 중대한 정보를 누락할 경우, 시정 또는 경고와 함께 30만 내지 60만 위안의 벌금 처분을 할 수 있다. 직접 책임지는 담당자와 기타 직접담당자는 경고와 3만 내지 30만 위안의 벌금을 내릴 수 있다. 발행인, 상장회사 또는 기타 정보의무인의 지배주주, 실제지배인이 상기 위법행위를 지시할 경우, 전 조항에 따라 처벌한다.

37 · 尚兆燕, 「独立董事法律责任的中国实践－来自证監会对上市公司處罰的经验数据」, 『山西财经大学学报』 2010년 제32권 제3기, 2010, 110쪽.

수와 실적 간의 관계를 파악하기 어려우며, 공시 관련 규정 위반 시의 처벌강도 또한 부족하다.

제4절
임원보수의 적정성

중국 임원보수의 보수적정성에 대한 통제는 주로 행정방식을 통한 한도의 규제로 되어있고, 사법상으로 보수의 적정성에 대한 통제가 거의 이루어지지 않고 있는 문제점이 있다.

I. 한도에 대한 통제

앞서 설명한 바와 같이 중국은 주로 국유기업 특히 국유금융기업에 대해 행정에 대한 한도통제를 하고 있다. 단, 회사 규모, 실적 등 구체 상황이 상이한 회사에 대해 천편일률로 하나의 기준으로 상한을 정하여 보수를 통제함은 가시적이고 즉시적인 효과는 있으나, 2008년 이후의 임원보수는 줄곧 증가세를 보이고 있는바, 이는 근본적이고 장기적인 해결방법은 될 수 없다. 또한 인센티브가 부족한 회사에 있어서는 이런 일률적인 통제방법은 오히려 임원의 사기를 저하한다. 2009년의 〈금융류 국유 및 국유지분지배기업 기업담당자 보수관리방법(의견수렴안)〉이 최종 통과하지 않은 점 역시 이로 인한 것으로 보인다.

Ⅱ. 법원에 의한 통제

법원의 통제에 있어, 법원의 법에 대한 직접적이고 경직적인 해석은 이사의무위반 소송의 제기에 불리한 영향을 준다. 판례상 아직 임원보수로 인한 소송사례는 발견되지 않았다. 판례 공백의 원인은 물론 지배구조문제로 인한 소수주주의 무임승차, 대주주의 행정규제 등이 있겠지만, 입법 및 사법구제 상에서도 문제가 있다. 실무 중 이사책임 관련 사건에서 법원의 법에 대한 경직적인 해석은 이사의무위반 소송의 제기에 어려움을 더한다. 예컨대, 이사의무 위반사건에서 주의의무(근면의무)는 충실의무에 비해 성질상 명확한 입법이 어렵다. 이 경우, 구체 사건에서 관련 행위가 근면의무를 위반하였는지는 법이나 정관에 규정이 없으면 판사의 자유재량권을 행사하여 법리분석 및 법률해석을 하여 판결을 하여야 하는데, 법이나 정관에 명확한 금지근거가 없는 경우에는 이사의 주의의무위반을 인정하지 않는 경향이 있다. 따라서 입법의 미흡과 법원의 경직적인 해석은 임원보수 소송의 활성화에 큰 장애가 된다.

그 외, 주주총회 결의가 없는 경우의 이사보수에 관하여도, 노사분쟁사건은 당연히 노동중재위원회의 중재를 거쳐야 하나, 이사보수 관련 계약은 성격상 이사와 회사 간의 위임계약이기 때문에 노사분쟁사건에 해당하지 아니하므로, 일반의 급여, 보수의 분쟁 즉 노사분쟁을 다루는 노동중재위원회의 중재를 거치지 않고 직접 법원에서 심리함이 마땅하다. 단, 본 사건은 일반의 노사분쟁 또는 근로계약 분쟁과 같이 노동중재위원회의 중재를 거쳐 사법자원을 낭비하였고 당사자에게 금전 및 시간상 부담을 더하였다.

Ⅲ. 소결

총체적으로 중국의 임원보수제도는 보수의 적정성에 있어 입법 규정이 미비하고 법원의 능동성 해석이 부족하며 한도규제를 통한 통제가 가장 주요한 방식인 문제점이 존재한다.

06

중국 임원보수제도의 개선방안

중국은 최초의 "연봉제"의 실시로부터 시작하여 보수의 공시, 지분인센티브를 도입하는 등 초보적으로 상장회사의 임원보수제도를 정비하였다. 단, 입법 및 실무상 "내부자에 의한 지배', 특유의 삼각형의 지배구조, 감사회, 사외이사, 이사회 등 감독기능의 부족, 행정임명, 보수결정과정에서 행정권력의 개입, 보수 공시의 격식, 내용의 부족, 행정방식 위주인 보수 통제방식, 법원해석의 경직화 등 여러 문제로 인하여 아직 개선하여야 할 부분이 많다. 아래서는 제5장에서 지적한 문제점에 대하여 임원보수의 결정, 구조, 공시, 적정성 등 면에서 그 개선방안에 대하여 논하도록 한다.

제1절
임원보수의 결정

제5장에서도 설명하였지만, 중국 상장회사의 임원보수의 결정 과정에서 지배주주의 존재, 감독기능의 결여, 행정임명, 행정 간섭 등으로 인한 내부자에 의한 지배는 가장 큰 문제이다. 그 문제점들에 대하여 아래와 같은 개선방안을 제시한다. 대주주의 결원에 관해서는 지분구조를 개혁하고 지배구조, 공시제도의 전반적인 개선을 필요로 하기 때문에 본문에서는 별도로 언급하지 않는다.

I. 소수주주 권한의 강화

중국은 미국과 달리 지배주주의 강한 지배로 인한 임원의 자아보수결정 문제가 발생하므로, 지배주주를 대상으로 하는 소수주주권의 강화에 노력을 기울여야 한다. 소수주주의 권리를 강화하기 위해서는 아래 전자투표제도, 기관투자자제도의 강화 및 집단소송제도의 도입을 필요로 한다.

전자투표는 소수주주가 주주총회에 참여하는 시간과 비용을 절감하고, 회의참가 적극성을 제고할 수 있다. 중국은 전자방식의 의결권행사에 관하여, 2004년 증권감독관리위원회에서 처음으로 〈사회대중주식 주주의 이익보호를 강화하는 약간규정关于加强社会公众股股东利益保护的若干规定〉을 공표하여, "상장회사가 주주총회 회의 시 현장회의 외에 주주에게 인터넷 형식의 투표플랫홈平臺을 제공하는 것을 권장한다"고 규정하여 전자투표제도를 도입하였다.[1] 하지만 단지 "상장회사 재융자再融資, 중대자산의 구조개편, 주식의 채권변제, 스핀오프spin off, 해외상장 등 5가지의 사항의 심사에 대하여"만 반드시 전자투표를 하여야 한다고 규정하였는바, 그 범위를 확대할 필요가 있다. 또한 전자투표를 함에 있어, 인터넷투표시스템과 거래시스템이 있는데, 인터넷투표시스템은 권리를 행사하기 위한 절차가 번잡하고,[2] 거래시스템은 주주총회의 화상을 관람할 수 없고 적시에 주주총회의 의안 등 자료를 취득할 수 없으며 주주현장 토론에 참가할 수 없는 문제가 있다. 따라서 조속히 투표시스템을 보완 및 개선하여 소수주주의 권리행사비용을 줄여야 한다.

그 외, 기관투자자는 자금이 충족하고 전문화 정도가 높으며 정보의 우세가 있기에, 회사지배구조에 있어 대형의 상장회사에 대한 실질적인 감독을 할 수 있다. 상기 〈표 9〉에서도 볼 수 있다시피, 기관투자자의 지분보유비율 상, 인센티브가 부족한 상장회사 중 기관투자자의 지분보유비율의 평균치가 가장 높고, 인센티브가 적절한 회사 중의 기관투자자 지분보유비율은 그 다음으로 높고, 인센티브가 과도한 회사의 기관투자자자의 지분보유비율이 가장 낮았다. 단지 평균치로 볼 때, 기관투자자는 회사임원보수의 통제에 대해 일정한 긍정적인 역할을 하고 있다는 것이다. 따라서 기관투자자를 활성화하여야 한다. 중국 증권감독위원회에서 2000년 "기관투자자의 발전" 전략을 제출한 이래, 기관투자자는 중국에서 일정한 규모를 이루었지만, 아직 발전할 수 있는 여지가 크다. 특

1· 그 후, 잇따라 〈关于上市公司股东大会网络投票工作指引(试行)〉, 〈上市公司股东大会网络投票系统技术管理规范(试行)〉, 〈关于上市公司股东大会网络投票测试的通知〉, 〈上市公司股东大会网络投票实施细则〉 등 규정이 발표되었다.

2· 우선, 인터넷에서 등록하여 신분검증인증코드를 취득하고, 신분검증기구현장에서 검증수속을 밟아야 한다.

히, 지분 보유율이 높고 보유기간이 긴 기관투자자가 회사의 경영자에 대하여 유효한 감독권한을 행사할 수 있는데, 중국 법률상 1개의 펀드가 1개의 상장회사의 주식을 보유함에 있어서 펀드 가치의 10%를 초과할 수 없도록 규정하고 있어, 기관투자자의 감독권 행사에 불리하다. 따라서 기관투자자의 보유지분율의 제한을 적절히 완화하여야 한다.

집단소송제도는, 불특정다수의 사람에 대하여 피해가 발생한 경우 당사자의 대표자가 손해배상을 청구한 효력이 모든 피해자에게 귀속되는 제도인데, 증권시장에서 발생하는 기업의 분식회계, 부실감사, 허위공시, 주가조작, 내부자거래와 같은 각종 불법행위로 인하여 다수의 소액투자자들이 재산적 피해를 입은 경우 종래의 소송구조로는 소액투자자들이 손해배상청구의 소를 제기하기 어려울 뿐만 아니라 다수의 중복소송으로 인하여 소송불경제가 야기될 우려가 있다.[3] 그러나 중국 최고인민법원에서 2002년 1월 15일에 공표한 〈증권시장의 허위공시로 인한 민사권리침해분쟁사건의 접수 관련 문제에 대한 통지关于受理证券市场因虚假陈述引发的民事侵权纠纷案件有关问题的通知〉와 2003년에 공표한 〈증권시장 허위공시로 인한 민사배상사건의 심리에 관한 약간 규정关于审理证券市场因虚假陈述引发的民事赔偿案件的若干规定〉에 따르면, 허위공시로 인한 민사배상사건에 대하여 법원은 단독 또는 공동소송의 형식으로 접수受理하도록 함으로써 증권집단소송제도를 배제하였다. 이는 소수주주가 권리침해를 당하더라도 손해배상청구의 소를 제기하기 어렵게 한다. 따라서 증권분야에서

---

3. 손영화, 「미국 기업개혁법의 회사지배구조에 관한 영향」, 『한양법학』 제19권 제3호(통권 24집), 2008, 168쪽.

도 집단소송제도를 도입하는 것이 소수주주의 권리 강화에 바람직하다.

Ⅱ. 감독기능의 강화

앞서 언급한 바와 같이 중국 회사지배구조상 임원보수의 결정에 있어 감사회, 사외이사 및 이사회 3개의 감독주체가 있으나 그 감독 효과는 모두 부족하다. 따라서 이 3개의 감독주체의 감독기능을 강화하는 것은 가장 중요한 과제이다.

1. 감사회의 강화

회사지배구조상 독일은 인사임명권과 보수결정권을 갖고 있는 막강한 감독이사회를 구성하고 있는데 비해, 중국의 감사회는 단지 형식적인 "감독권", "건의권", "시정권", "제안권" 등 있다. 따라서 이사의 보수결정에 대한 감독기능도 제대로 발휘할 수 없다. 때문에, 형식적인 감독기관이 아닌 실질적인 감독권한이 있는 감사회를 구성하여야 한다.

감사회의 감독권을 강화하려면, 첫째, 감사선임제도를 개선하여야 한다. 추천을 통하여 직원대표감사를 선임하는 제도를 공개선거의 방식으로 하여, 지정이 아닌 직원의 선거로 선임하여야 한다. 둘째, 감사보수제도도 개선하여야 한다. 특히 국유지분인센티브 관련 규정에서는 감사를 지분인센티브의 부여대상에서 배제하였는데 동 규정 발표 후 실제로 일부 감사가 사직하는 사례[4]가

나타났다. 따라서 감사를 지분인센티브의 부여대상에서 배제하는 것은 바람직하지 않다. 셋째, 감사회에 이사 및 고급관리인원에 대한 파면권을 부여하자는 주장[5] 도 있다. 감사회가 실질적인 파면권을 가질 경우, 현재 주주총회와 이사회에 대한 파면건의권에 비해 직접 이사 또는 고급관리인원을 파면할 수 있으므로, 실질적인 감독권을 행사할 수 있게 된다. 이에 더하여 독일과 같은 보수감액권 역시 도입한다면, 임원의 보수결정에 있어 더욱 효과적인 감독을 행사할 수 있다. 단, 중국의 현행법상 보수결정권과 이사의 선임권은 주주총회에 있으므로 구조적으로 이런 법률개정을 하기 어렵고 그 개정비용 또한 막대하다. 따라서 한국 및 일본과 같이 소규모회사에서만 감사회제도를 보류하고 대규모회사에서는 보수위원회제도를 활성화하는 것이 더욱 바람직하다. 소규모회사에서는 굳이 전문위원회를 설치할 필요가 없고 비용상으로도 기존 감사회를 유지하는 것이 더욱 효율적이기 때문이다. 따라서 일본과 한국의 제도를 참조하여, 지배구조상 감사와 감사위원회를 선택할 수 있는 구조로 제정하는 방법을 검토해 볼 수 있다.

2. 사외이사의 독립성 강화

중국은 회사법에 근거하여 보수위원회를 설치할 수 있고, 실무적으로도 상장 관련 규칙에 의하여 대부분의 회사가 보수위원회를

4. 中国证券报, 「浙江刚泰控股(集团)股份有限公司关于监事辞职的公告」, 『网易官网』, 2012 http://news.163.com/12/0808/01/88BNP51I00014AED.html (2014.11.27. 최종방문).

5. 邓微, 「国有控股上市公司高管薪酬决定机制存在的问题及对策初探」, 『法制与社会2011 · 06中』, 2011, 208쪽.

설치하고 있으며, 사외이사가 1/3 이상을 차지하고 있다. 단, 제5장의 통계자료에서 본 바와 같이 사외이사의 비율 및 보수위원회 설치 여부가 임원의 보수에 대해 영향을 미치지 않았는바, 사외이사의 비율이나 보수위원회의 설치보다 사외이사의 독립성 강화가 해결하여야 할 가장 중요한 과제이다. 사외이사의 독립성을 강화함에 있어서는 아래와 같은 2가지 개선방안이 있다.

첫째, 독립된 외부기관에서 사외이사의 후보를 추천하는 방식이다. 사외이사 역시 큰 인력시장이 형성될 수 있는바, 증권거래위원회 또는 증권거래소에서 상장회사 사외이사협회를 구성하거나 사외이사시장을 구축하여 상장회사에 사외이사를 추천하는 형식을 취할 수 있다. 사외이사의 보수는 상장회사에서 사외이사 인원수에 따라 협회에 납부하고 협회에서 사외이사에 지급하는 형식을 취할 수도 있을 것이다. 그 경우 사외이사의 보수결정과정에서 지배주주나 현 경영진이 개입하여 사외이사의 독립성을 저해하는 현상을 방지할 수 있을 것이다.

둘째, 소수주주에게 일정 비례의 추천권을 부여하는 방식이다. 현행법상 사외이사는 1% 이상의 주주와 이사회, 감사회만 추천할 수 있으므로, 1% 미만의 소수주주에게 일정한 추천권을 부여할 경우 소수주주를 위한 대변을 할 수 있게 된다. 물론, 사외이사의 업무는 경영이 아닌 재무감독 등에 있으므로 일상경영에 참여하여 지배주주의 경영업무를 견제하는 가능성은 낮을 것이다.

3. 이사회 권한의 강화

이사회의 권한을 강화하려면, 첫째, 주주총회, 이사회 및 경리의 권한배분을 입법으로 명확히 하여야 한다. "투자계획"과 "투자방안", "경영계획"과 "경영방안", "제정"과 "방안의 제정", "결의"와 "결정" 또는 "심의비준" 등 모호한 표현이 아닌 분명한 문구를 사용하여, 주주총회, 이사회, 경리의 권한을 확실히 하여야 한다.

둘째, 현재 일익 팽창하고 있는 주주총회와 경리의 권한을 제한하여 본래 이사회 또는 주주총회에서 갖고 있어야 하는 권리를 "반납"하여야 한다. 예컨대, 주주총회에서 갖고 있는 담보류의 이익충돌거래의 심사권,[6] 경업금지와 회사기회거래의 심사권, 대외담보 심사권, 회계법인의 선임과 해임, 자기거래 심사권 등은 이사회에 귀속되는 것이 마땅하고, 회사의 기본관리제도의 제정은 주주총회에 귀속되어야 마땅하다.

셋째, 이사장과 경리의 겸임을 금지 또는 제한하여야 한다. 제5장에서 서술한 바와 같이, 이사와 고급관리인원의 겸임은 임원보수의 자아결정 또는 자아감독의 가장 직접적인 원인이다. 따라서 회사지배구조상 감독권의 유효성을 위하여 이사회와 고급관리인원의 겸임을 금지 또는 제한하여야 한다. 단, 현재 이사회에서도 일부 경영업무집행권을 갖고 있어 감독권과 업무집행권이 완전히 분리되지 않은 점을 감안하여 이사와 고급관리인원의 겸임을 모두 금지할 수는 없지만, 최소한 이사장과 경리의 겸임은 제한 가능하다. 구체적인 제한 방법은 2가지가 있다.

하나는 직접적으로 겸임을 금지하는 것이다. 오스트레일리아, 미국의 일부 州, 영국 등[7]과 같이 일정한 규모 이상의 상장회사에

6· 회사가 회사 주주 또는 실제지배인을 위하여 담보를 제공할 때 주주총회의 심사권을 말한다.

7· 仲继银, 『董事会与公司治理』, 中国发展出版社, 2014, 126쪽.

서 이사장과 경리의 겸임을 금지하는 방식을 취할 수 있다. 중소규모의 모든 회사까지 포함하는 것은 아니다. 작은 규모의 회사에 있어서는 물론 양자의 겸임이 관리상 더욱 효율적일 수 있다.

다른 하나는, 간접적으로 겸임의 금지를 유도하는 방식을 취하는 것이다. 예컨대, 미국의 금융안정법(2010)은 이사회의 책임을 강화하기 위해 동법 제973조에서 미국증권거래법 Section 14B(b)를 신설하여, 미국 상장기업은 기업 CEO의 이사회의장 겸직여부 및 겸직사유에 대한 상세한 설명을 위임장 설명서에 기재할 것을 의무화하는 내용의 규칙을 SEC가 제정토록 하고 있는데,[8] 이와 같이 겸임은 허용하지만 그 겸임사유를 공시하게 함으로써 투자자에 의한 통제를 할 수 있다. 물론, "겸임이 경영상 더 편의하다"는 등 너무 간략한 설명은 허용할 수 없고 상세한 원인을 밝혀야 할 것이다.

Ⅲ. 행정임명 및 행정 간섭의 제한

정부가 임원을 행정적으로 임명하는 것은 국유기업 임원의 자아보수결정 또는 과다보수결정의 가장 큰 원인이다. 따라서 국유기업에서의 임원의 행정임명을 제한하거나 최소한으로 줄여 가급적으로 인적시장에서 경쟁을 통하여 임원을 선출하여야 한다. 이 경우, 국가는 자아감독이 아닌 제3자(시장에서 선출한 임원)를 감독하는 주체로서 주주의 감독기능을 더욱 잘 발휘할 수 있다. 또한 이사회의

8· 문상일, 「미국 금융규제개혁법과 기업지배구조의 변화」, 『YGBL』 제2권 제1호, 2010, 15쪽.

형해화를 피할 수 있다. 그 외, 행정임명을 하더라도 경영인에 대한 행정직급의 부여는 피하여야 하고, 보수결정에 있어 국가가 직접 관여하기보다 선임한 이사를 통하여 보수결정에 관여하여야 한다. 따라서 정부부서의 각종 사전심사는 상당부분 취소하거나 축소함이 바람직하다.

Ⅳ. 소결

상기 서술을 종합하면, 우선 전자투표제도의 시행범위를 확대하고 신청시스템을 간이화하며, 기관투자자의 지분보유율 제한을 적절히 완화하고, 집단소송제도를 도입하여 소수주주의 권한을 강화하여야 하고, 사외이사협회 또는 사외이사 인력시장을 구축하여 사외이사의 독립성을 강화하여 감독기능이 원활하게 수행되도록 하여야 하며, 입법 보완을 통하여 이사회 권한을 강화하고, 이사장과 경리의 겸임을 금지 또는 제한하며, 행정임명 또는 행정 간섭을 줄임이 바람직하다.

제2절
임원보수의 구조

Ⅰ. 보수와 실적 연동성의 제고

통계자료에서 설시한 바와 같이 임원보수의 구조는 너무 단일

하고, 경영실적과의 연동성이 낮다. 따라서 구조상 임원보수의 종류를 다양화하고, 기본급여와 연도보수 등의 단기 인센티브의 비중을 줄이고, 중장기인센티브의 비중을 늘려야 한다. 그 중 주가연동형 보수는 해당 회사의 경영성과와 상관없이 주식시장이 전반적으로 활황을 보이거나 특정 업종 전체의 주가 상승에 따라 동반상승하는 경우도 많기 때문에,[9] 경영성과지표에 연동하는 보수의 비중을 늘려야 한다.

Ⅱ. 지분인센티브 관련법의 개선

지분인센티브의 시행에 있어서는 관련법의 보완이 필요하다.

첫째, 지분인세티브에 있어, 한국의 주식매수선택권제도를 참조하여, 의결권 있는 발행주식 총수의 5% 이상의 주식을 가진 주요주주와 실제 지배인 및 관련 배우자와 직계존비속을 지분인센티브의 부여대상에서 완전히 배제하여, 지배주주의 권리남용을 방지함이 바람직하다.

둘째, 지분인센티브의 부여일로부터 행사시기의 간격을 1년에서 2년 또는 독일과 같이 4년으로 연장하여, 주식매수선택권이 단기 인센티브가 아닌 장기적인 인센티브로써 기능하도록 하여야 한다.

셋째, 입법 상 인센티브의 행사기간 분할에 관한 규정을 보완하여 행사기간 내에 권리를 행사하지 않은 경우의 처리방법에 대하

---

[9] 이경윤 · 황광연, 「주식 관련 임원 보상제도의 법률상 쟁점」, 『BFL』 제65호, 2014, 32쪽.

여 실무적으로 명확한 지침을 제공함이 바람직하다. 또한 그 행사기간은 가능한 한 긴 기간으로 분할하여 장기적인 인센티브 역할을 하도록 하여야 한다.

넷째, 국유상장회사의 경우는, 임원보수의 구성에 대한 회사의 자주성을 보장하여야 한다. 특히 스톡옵션 등 지분인센티브의 권리행사 시 국유기업에 대한 행정상의 영향력을 줄여 지분인센티브가 명목상으로만 존재하고 사실상의 인센티브 기능은 발휘할 수 없는 안타까운 사례는 발생하지 않도록 하여야 한다. 또한 회사가 자신의 상황에 따라 자유롭게 임원보수의 구조를 정하고 임원의 보수와 실적 간의 연동성을 제고하여 임원이 회사의 최대이익을 위하여 업무를 수행하도록 그 적극성을 동원하여야 한다. 정부의 개혁과 노력이 필요한 부분이다.

Ⅲ. 소결

결론적으로, 임원보수의 구조상 보수의 종류를 다양화하고, 기본급여나 연도보수 등의 비중을 줄이고, 중장기인센티브의 비중을 늘려야 한다. 중장기 인센티브를 늘림에 있어서는 지분인센티브의 관련법을 보완하여 지배주주의 사익추구방식이나 외자를 유치하기 위한 형식이 아닌 임원이 회사의 실적을 제고하기 위한 진정한 인센티브로 기능하도록 하여야 한다.

제3절
임원보수의 공시

I. 임원보수의 집중공시

현재 임원보수 관련 정보의 공시는 너무 분산적이다. 따라서 "주주변동 및 주주상황", "이사, 감사와 고급관리인원", "이사회보고", "중대사항", "재무제표 주석" 등 부분에 분산된 보수 관련 내용을 통합하여 1개 부분으로 집중하여 공시하는 것이 바람직하다. 이는 주주 또는 투자자가 임원보수 관련 정보를 지득함에 있어 시간 및 비용을 절감할 수 있고, 감독기능을 강화할 수 있다.

II. 공시범위의 확대

보수구조에 대한 공시범위를 확대하여야 한다. 총액뿐만 아니라 보수구조, 예컨대 기본급여, 보너스, 스톡옵션, 양로금, 직무소비 등을 구체적으로 공시하여야 하고, 보수결정과정 및 보수위원회의 구성, 전년도의 실적과 보수 등을 공시하여, 임원의 보수결정의 투명성을 제고하고, 주주와 투자자에게 임원의 보수와 경영실적의 연관성에 대한 판단근거를 제공하여 감독기능을 강화하여야 한다.

이에 관하여는, 미국의 임원보수공시규정 상의 보수토론 및 분석, 보수위원회 보고서, 보수표 등 방식을 참조하여 임원보수의 구체적인 구조, 전체 보수에서 차지하는 비율, 전년도 보수와의 비교, 실적과의 연계성 등을 명확히 하여, 경영진 보수의 투명성을 높이고 합리적인 경영방향과 목표를 설정하도록 유도함이 바람직하다. 모든 보수구조를 공시함이 어려울 시, 일본과 같이 임원별로 종류별 보수금액을 공시하는 것도 하나의 방법이다.

아울러, 보수와 실적의 연관성 공시에 관하여는 회사가 국가보조금 등 경영자의 노력이 아닌 국가의 지원으로 취득하는 수익을 공제한 후의 금액을 실적의 기준으로 하여 설명함이 바람직하다. 경영자의 경영, 보수와 회사의 실적과의 관계를 더욱 명확히 하기 위함이다.

그 외, 직무소비는 보수가 아니지만, 인센티브 부족 또는 부정행위로 직무소비를 늘리는 방식으로 은폐성수입을 높이는 경우가 많으므로, 직무소비를 공시하게 되면 투명성 제고로 부정행위를 줄이고 보수구조를 개선할 동기를 부여할 수 있다. 즉 직무소비의 공시는 경영진 보수의 투명성을 높이고 경영진이 합리적인 경영방향과 목표를 설정하도록 유도할 수 있다.

Ⅲ. 공시책임의 강화

이사회, 감사회, 이사, 감사, 고급관리인원이 공시의 규정을 위반할 경우의 책임을 강화함에 있어서는, 공시위반에 대한 처벌조치의 다양화, 판단기준의 구체화, 그리고 처벌의 적시성의 강화가 필요하다. 단순한 경고나 소액의 벌금이 아닌 위반 정도에 따라 고액의 처벌도 하여야 하고, 여러 차례의 공시위반행위를 누적하여 일시적으로 처벌하지 않고, 공시위반행위가 발생하는 즉시 적절한 처벌을 내려야 최대한 공시위반행위를 줄이고 사회적 손실을 감소시킬 수 있다.

Ⅳ. 소결

결론적으로 임원보수의 공시는 임원보수 관련 내용을 집중적으로 공시하여야 하고, 보수의 구조 및 직무소비 등 공시범위를 확대하여야 하며, 공시의무 관련 책임을 강화하여야 한다.

제4절
임원보수의 적정성

보수의 적정성에 있어서는 제5장에서 지적한 문제에 대한 개선방안을 제시하고 아울러 일부 논문에서 제기되고 있는 외국의 주주발언권제도, 환수제도 등의 도입에 관하여 논의하도록 한다.

Ⅰ. 한도에 대한 통제

입법으로 임원보수의 상한 또는 배수倍數에 대한 통제는 즉시적인 효과를 얻을 수 있지만, 상한 또는 배수에 대한 입법규정은 각 기업의 사정에 따라 인적자본의 정확한 가치를 산정할 수 없으므로 인적자원의 유실을 초래할 수 있다. 따라서 장기적으로 볼 때,

정부 또는 시장 등 상이한 경로로 선임한 임원에 대하여 구분 취급하여, 행정방식으로 선임한 임원에 대하여는 국가의 행정통제방식을 취하여 직무소비 또는 권력남용을 통한 고액보수의 취득을 통제하고, 시장에서 선임한 임원에 대하여는 한도를 직접 규제하기보다는 보수의 적정한 책정을 기업 또는 시장에 맡겨야 한다. 이에 관하여는 2014년 8월에 통과한 〈중앙관리기업 주요담당자 보수개혁방안〉에서 여하한 규정을 하였는지 기대된다.[10]

Ⅱ. 법원에 의한 통제

임원보수의 적정성을 확보함에 있어서 결정, 공시를 거친 후의 마지막 통제방법은 법원이다. 즉, 이사가 보수의 결정에 있어 선관주의의무를 위반함을 근거로 배상책임을 묻는 것이다. 하지만, 중국의 경우 선관주의의무에 관한 법리가 발달하지 않았고, 구체적인 사건에서 법원이 법조문을 경직적으로 해석함으로 인하여 주주대표소송이 활성화되지 않아 사법구제의 판례가 거의 없다. 사후통제 즉 주주대표소송의 활성화는 임원보수결정의 합리성을 촉구할 수 있다.

따라서 첫째, 입법적으로 주의의무 충실의무 등 이사의무위반 관련법을 보완하고, 둘째, 경영판단원칙과 이사의무위반 관련 배상책임의 감면제도 및 보험제도 등을 도입하여 이사의 과도한 책임에 관한 우려를 덜어주어 주주대표소송을 활성화하며, 셋째, 법

10· 이 보수개혁방안은 2014년 8월에 통과되었지만 구체적인 내용은 아직 공개되지 않았다.

원에서 판사의 업무능력을 제고하여 자유재량권을 활용하여 선관주의의무에 대하여 더욱 적극적으로 해석하여, 보수의 적정성에 있어서도 사법의 구제를 받을 수 있도록 제도를 마련함이 바람직하다.

Ⅲ. 주주발언권제도

앞서 언급한 바와 같이, 일부 학자는 주주의 권리를 강화하자는 취지로 미국과 같이 주주발언권제도를 도입하자고 주장한다.[11] 미국의 주주발언권 제도의 취지는 이사회의 전권사항에 속하는 임원보수결정권을 주주의 승인투표를 통해 사후적으로 견제함으로써 간접적으로나마 보수결정과정에 주주의견을 반영하자는데 있다. 구체적으로 주주총회에서 개별임원의 보수내용에 대한 별개의 주주투표가 요구된다.[12]

단, 중국의 경우는 미국과 달리 소유권과 경영권이 고도로 집중되어 있는바, 지배주주의 영향력과 이사와 고급관리인원 직의 겸임 등 경우가 많아 임원들이 자신들의 보수결정과정에 많은 영향력을 행사할 수 있는 구조이다. 또한 주주의 제안권에 있어 이사회는 거부권이 없기 때문에, 주주는 조건에 부합될 경우 이사추천권도 보장된다. 문제는 지배주주와 소수주주의 지배권 차이에 있다. 따라서 임원보수의 과다지급의 원인이 오히려 지배구조상 주주의

11· 王佐法, 「高管薪酬制度的反思与重构」, 『法学论坛』 第2期 第24卷, 2009, 111쪽.

12· 문상일, 「임원보수제도의 개혁－미국의 주주승인권제도를 중심으로」, 『상사법연구』 제28권 제3호, 2009, 434쪽.

막강한 권력에 있는 중국의 경우, 미국의 제도를 도입하여 정기적으로 주주들이 보수에 대해 결의하는 자리를 마련한다 하더라도 주주총회에서의 결의로써 과다보수에 대한 현실적인 규제를 하고자 하는 것은 기대하기 힘들다.[13]

또한 주주총회에서 보수사항에 대해 결의하고자 할 경우 보수의 구체적 내용이 확인 가능하여야 하는데, 중국 현행 법률상 보수의 구체적 내용의 공시를 요구하지 않기 때문에 실적연관성 등을 판단할 수 없는바, 개별적인 보수에 대한 판단이 불가하다.

결론적으로, 주주발언권의 도입은 임원보수결정에서의 감독문제를 해결할 수가 없고, 중국에 도입하기엔 적합하지 않다.

Ⅳ. 지급보수의 환수제도

미국의 지급보수 환수제도는 상장회사가 증권법상의 회계보고요건의 중대한 위반으로 인해 회계보고서를 재작성하게 될 경우에는 해당 임원의 관련성 여부에 불구하고 기업은 전 · 현직 집행임원들에게 과거 3년간 지급했던 성과형 보수에 대해서는 이를 환수하도록 규정하여 회사와 주주의 권익을 보호할 수 있다. 중국의 경우 과다보수에 대한 통제수단이 행정의 한도규제에만 한정되어 있어, 이 지급보수의 환수조항을 도입하여 통제수단을 개선하는 방안을 고려해 볼 수 있다.

이와 관련하여 앞서 언급한 "상장회사의 재무회계서류에 허위

13· 문상일, 「금융위기 이후 임원보수규제의 동향」, 『경영법률』 20집 3호, 2010, 22쪽.

기재가 존재할 경우 책임 있는 인센티브대상이 공고일로부터 12개월 내에 지분인센티브로 취득한 전부의 이익을 회사에 반환하여야 한다"는 지분장려 관리방법 상의 규정이 환수제도와 같다는 의견이 있을 수 있다. 허위기재와 회계보고서의 재작성 부분은 유사하나, 회수대상이 회계보고에 있어 허위기재의 책임이 있는 자에 한하는 점, 회수하는 급여는 지분인센티브로 인한 이익에 제한되는 점, 회수기간이 훨씬 더 짧다는 점에 있어서 미국의 환수제도와는 다르다. 아울러, 동 규정은 구체적 적용조건이 명확하지 않음으로 인해 아직 실무운용사례가 발생하지 않아 주의를 끌지 못하고 있다.

단, 동 규정이 미국의 환수규정에 해당하는지 여부를 불문하고, 지급보수의 환수조항은 실적연동 또는 인센티브형 보수에 대한 규정이므로, 실적연동형 보수 또는 인센티브형 보수의 비중이 크지 않은 중국의 경우, 미국의 환수제도 도입으로 보수규제에 큰 효과를 기대할 수 있는지는 아직 확실하지 않고, 가장 중요한 것은 지분인센티브가 잘 시행되지 않는 현재의 상황에서 환수제도를 도입할 경우 임원의 사기를 더욱 저하시킬 우려가 있기 때문에, 그 도입시점은 아직 더 검토해 보아야 한다.

물론, 향후 도입 시에는, 상기 지분인센티브 관련 조항을 활용할 수 있다. 구체적으로 환수하여야 하는 보수 및 임원의 범위(책임과 상관없이 전 · 현직 임원을 대상으로 하거나 책임 있는 자에만 한하는 등)를 구체적으로 확정하고 환수조건(부정행위를 조건으로 하는지 아니면 회계보고서상 중요부분의 부실작성을 조건으로 하는지 등)을 더욱 명확히 하여야 한다.

V. 보수의 감액제도

중국 역시 한국과 마찬가지로 주주총회에서 이사의 보수를 결정한다. 비록 사례가 적지만 중국 역시 주주총회의 결의를 거치지 않은 보수의 경우 이사보수청구권을 인정하지 않은 판례가 존재한다. 단, 이사의 보수의 결정에 관하여 정관이나 주주총회의 결의에 근거하지 않는 보수의 지급 또는 약정이 무효라는 엄격한 해석을 하여, 회사의 구체적인 상황에 따라 이러한 원칙이 불공정한 결과를 가져올 수 있는 한국의 경험을 감안하여, 주주총회의 결의를 이사보수의 발생조건으로 하지 않고, 사후에 감액하는 방식으로 과다보수를 통제하는 방안을 고려해 볼 수 있다.

이 제도를 도입할 경우, 중국의 임원보수는 주주총회와 이사회에서 결정하기 때문에 감액권도 주주총회 또는 이사회에서 행사함이 마땅하다. 단, 중국의 경우 국유주주 또는 지배주주의 내부자에 의한 지배와 이사회의 형해화 등으로 인하여 감액제도가 결국 형식상의 제도로 되기 쉬우므로, 감액을 통한 보수의 규제의 진정한 효과를 발휘하기 위해서는 우선 소수주주의 강화, 이사회의 권한 강화, 행정 간섭의 제한 등의 조치를 취하여 지배구조를 조속히 개선함을 필요로 할 것이다.

VI. 소결

중국 임원보수의 적정성을 확보하기 위하여, 강제적인 행정방식의 한도규제는 줄여야 하고 임원을 구분 취급하여야 하며, 사법구제방식을 활용할 수 있도록 이사의무 관련 제도를 보완하여야 하고, 판사의 능동적인 해석을 격려하여야 한다. 선진국의 제도도입에 있어서, 주주발언권은 중국실정에 맞지 않고, 환수제도는 도입시점을 더 검토하여야 하며, 감액제도는 보수의 적정성을 확보하는 수단으로 도입할 수 있지만 지배구조의 조속적인 개선이 필요하다.

07

결론

2008년 금융위기의 발발로 馬明哲을 비롯한 수많은 임원의 고액보수가 보도되었고, 중국정부는 일련의 임원보수의 한도를 규제하는 법을 제정하여 중국 상장회사의 임원보수제도를 개선하고자 하였다. 하지만, 2008년 이래 중국의 임원보수는 지속적으로 빨리 증가하여 임원보수문제는 해결되지 않고 있다.

이에 본 논문은 미국, 독일, 일본, 한국 등 선진국의 임원보수제도 관련 경험을 토대로 중국 임원보수제도의 실무 및 입법현황을 고찰하였고, 중국임원보수가 과다하거나 인센티브가 부족한 문제점과 그 원인을 지적하였다. 마지막으로 관련 문제점에 대하여 상장회사 임원보수의 결정, 구조, 공시, 적정성 등 방면으로 나누어 개선방안을 제시하였다.

구체적으로, 임원보수의 결정과정에서는 지배주주의 존재, 감사회 및 사외이사, 이사회의 감독기능의 결여, 행정임명 및 행정간섭 등의 내부자에 의한 지배문제가 존재한다. 구조에 있어서는,

실적연동성 보수 특히 중장기 인센티브의 비중이 낮고, 지분인센티브의 입법이 미숙하여 원활한 시행이 되지 않고 있다. 임원보수의 공시는 내용이 분산되고, 공시범위가 협소하며, 공시위반 처벌 강도가 부족한 문제가 있다. 보수의 적정성에 있어서는, 행정방식 위주의 한도통제에 의존하고, 사법구제수단이 활용되지 않는다는 것이다.

따라서, 우선 결정단계에서 전자투표, 기관투자자 관련 제도를 개선하고 집단소송제도를 도입하여 소수주주의 권한을 강화하여야 하고, 사외이사협회 또는 사외이사 인력시장을 구축하여 사외이사의 독립성을 강화하며, 입법 보완을 통하여 이사회 권한을 강화하여 감독기능이 원활하게 수행되도록 하여야 하며, 행정임명 또는 행정 간섭을 줄여야 한다.

임원보수의 구조상 보수의 종류를 다양화하고, 기본급여나 연도보수 등의 비중을 줄이고, 중장기인센티브의 비중을 늘려야 하며, 지분인센티브 관련 입법을 보완하여야 한다. 임원보수의 공시는 임원보수 관련 내용을 집중적으로 공시하여야 하고, 보수의 구조 및 직무소비 등 공시범위를 확대하여야 하며, 공시의무 관련 책임을 강화하여야 한다.

중국 임원보수의 적정성을 확보하기 위해서는, 장기적으로 보면 강제적인 행정방식의 한도규제는 줄이고 임원별로 구분 취급하여야 하고, 사법구제방식을 활용할 수 있도록 이사의무 관련 제도를 보완하여야 하고, 판사의 능동적인 해석을 격려하여야 한다. 그 외, 선진국의 일부 제도의 도입여부에 관하여, 주주발언권제도는 주주의 지배가 막강한 중국의 실정에는 부합되지 않아 도입함이 타당하지 않으며, 지급보수의 환수조항은 도입하기에 이르고,

보수의 감액제도는 보수통제수단으로 도입할 경우 지분인센티브의 활성화와 지배구조의 개선이 수반되어야 한다.

마지막으로, 중국의 임원보수제도는 상기 허다한 문제점이 존재하고 있지만, 2014년 10월 20일 베이징에서 열린 중국 공산당 제18기 중앙위원회 4차 전체회의(18기 4중전회)의 주제가 의법치국依法治國으로 결정되고, 시진핑 정부의 출범 이래 일련의 정풍운동과 반부패개혁으로 보아 사법개혁이 본격화 될 것으로 예상되며, 중국의 임원보수제도의 개선 또한 전망이 밝으리라 믿는다.

참고 문헌

◆ 한국어 문헌

[단행본]

김건식, 『기업지배구조와 법』, 소화, 2010.

김화진, 『기업지배구조와 기업금융』, 박영사, 2012.

이철송, 『회사법강의(제21판)』, 박영사, 2013.

임재연, 『미국기업법』, 박영사, 2009.

사법연수원, 『독일법』, 사법연수원, 2006.

송옥렬, 『상법강의[제4판]』, 홍문사, 2014.

한국상사법학회 편, 『주식회사법대계Ⅱ』, 법문사, 2013.

[연구논문]

고재종, 「임원의 적정 보수 지급에 대한 법적 규제」, 『법학연구』 제18권 제2호, 2010

권준혁, 「임원보수에 관한 기업공시서식 작성기준 해설」, 『BFL』 제65호, 2014.

김동근, 「기업의 임원보수 규제에 관한 고찰」, 『법학논고』 제38집, 2012.

김환일, 「일본 임원보수의 공시 규제에 관한 연구」, 『기업법연구』 제25권 제1호, 2011.

맹수석, 「금융기관 임원의 과도한 보수규제 및 투명성 제고 방안에 관한 연구」, 『법학논총』 제34집 제1호, 2014.

문상일, 「임원보수의 개혁 - 미국의 주주승인권제도를 중심으로」, 『상사법연구』 28권 3호, 2009.

_____, 「집행임원제도하의 임원보수 규제방안 – 미국 경기부양법상의 임원보수 제한규정을 중심으로」, 『법학논총』 제27집 제1호, 2009.
_____, 「금융위기 이후 임원보수규제의 동향」, 『경영법률』 20집 3호, 2010.
_____, 「미국 금융규제개혁법과 기업지배구조의 변화」, 『YGBL』 제2권 제1호, 2010.
_____, 「이사보수 개별승인제도의 도입필요성에 관한 연구」, 『법학연구』 제24권 제2호, 연세대학교 법학연구원, 2014.
서세원, 「미국판례법상 임원보수정책에 대한 규제」, 『법과 정책연구』 제7집 제2호, 2007.
성승제, 「독일의 이사 보수 규제」, 『법학연구』 제18권 제2호, 2010.
손영화, 「미국 기업개혁법의 회사지배구조에 관한 영향」, 『한양법학』 제19권 제3호(통권 24집), 2008.
송민경 · 윤진수 · 정재규, 「개인별 임원보수의 사업보고서 기재 현황 분석」, 『BFL』 제65호, 2014.
양만식, 「상장회사의 임원의 보수공시에 관한 고찰」, 『금융법연구』 제10권 제1호, 2013.
이경윤 · 황광연, 「주식 관련 임원 보상제도의 법률상 쟁점」, 『BFL』 제65호, 2014.
윤영신, 「이사 보수의 회사법적 문제」, 『BFL』 제65호, 2014.
정성숙, 「이사보수의 공개에 관한 소고」, 『법학연구』 제38집, 2010.
_____, 「이사보수에 관한 독일의 법적 범주」, 『강원법학』 제32권, 2011.
조지현, 「독일 회사지배구조 기준에 관한 연구」, 『경영법률』 제22집 제1호, 2011.
최문희, 「이사의 보수에 관한 규정의 검토」, 『법학논총』 제24집 제3호, 2007.
_____, 「임원의 보수규제에 관한 고찰 – 최근의 국제적 동향과 입법례를 중심으로」, 『경영법률』 20집 3호, 2010.
_____, 「임원의 개별보수 공시제도의 개요와 개선과제」, 『BFL』 제60호, 2013.

◆ 중국 문헌

[단행본]

陈思明, 『现代薪酬学』, 立信会计出版社, 2004.
施天涛, 『公司法论』, 北京法律出版社, 2005.
王国顺, 『企业理论: 契约理论』, 中国经济出版社, 2006.
林忠 · 金延平, 『人力资源管理[M]』, 东北财经大学出版社, 2006.
宋晶, 『国企高管薪酬制度改革路径与模式研究』, 经济科学出版社, 2013.
刘学民, 『中国薪酬发展报告[2012]』, 中国劳动社会保障出版社, 2013.

张军, 『中国企业的转型道路』, 上海格致出版社・上海人民出版社, 2008.
高明华・杜雯翠, 『中国上市公司高管薪酬指数报告[2013]』, 经济科学出版社, 2013.
郭淑娟, 『上市公司高管薪酬激励机制研究』, 企業管理出版社, 2013.
王红领, 『决定国企高管薪酬水平的制度分析[J]』, 现代经济探讨, 2006.
青木昌彦・钱颖一, 『转轨经济中的公司治理结构内部人控制和银行的作用』, 中国经济出版社, 1995.
上海证券交易所, 『研究中心中国公司治理报告(2006)』, 复旦大学出版社, 2007.
安蓓・张艺, 『中海油称高管千万元薪酬为名义收入』, 南國今報, 2009.4.15.
李榮, 『公司高管薪酬法律规制研究』, 经济管理出版社, 2013.
仲继银, 『董事会与公司治理』, 中国发展出版社, 2014.
李建伟, 『独立董事制度研究－从法学与管理学的双重角度』, 中国人民大学出版社, 2004.

[연구논문]
邓微, 「国有控股上市公司高管薪酬决定机制存在的问题及对策初探」, 『法制与社会2011·06中』, 2011.
邓峰, 「中国公司治理的路径依赖」, 『中外法学』 제20권 제1기, 2008.
沙雪妮, 「公司内部人控制法律规制研究」, 『黑河学刊』 总203期 第6期, 2014.
尚兆燕, 「独立董事法律责任的中国实践－来自证監会对上市公司處罰的经验数据」, 『山西财经大学学报』 2010년 제32권 제3기, 2010.
王佐法, 「高管薪酬制度的反思与重构」, 『法学论坛』 第2期 第24卷, 2009.
徐民・方妙, 「论国有企业高管薪酬规制的路径选择」, 『法商研究』 제1기, 2013.
酒井太郎 저, 朱大明 옮김, 「有关董事报酬的日本法律规范和企业惯例」, 『商事法论集』 제23권, 2013.

[학위논문]
戴少刚, 「上市公司高管报酬之法律规制美国经验及其比较借鉴」, 청화대학 법학석사학위논문, 2007.
王文成, 「上市公司高管薪酬的法律规制」, 西南财经大学 석사학위논문, 2008.
施廷博, 「上市公司高管薪酬监管法律制度研究－美国法的考察和我国的借鉴」, 화동정법대학 박사학위논문, 2012.
陈慧婷, 「企业高管薪酬的税收调控机制研究」, 暨南大学 석사학위논문, 2011.
陈琳, 「上市公司高管薪酬法律规制探究－以美国法为视角」, 절강대학 석사학위논문, 2011.

◆ 외국문헌

Cyert. Kang, and Kumar, "Corporate Governance, Takeovers, and Top-Management Compensation: Theory and Evidence", *Management Science* 49, 2002.

Lin Lin, "Regulating executive compensation in china: problems and solutions", *Journal of Law & Commerce* Vol.32 No.2, 2014.

Lucian Bebchuk, Jesse Fried, "Pay without Performance – The Unfulfilled Promise of Executive Compensation", Harvard Iniversity Press, 2009.

江头宪治郎,『株式會社法大系』, 有斐閣, 2013.

根田正樹,「會社役員の 情報規制と 最近の 動向」,『月刊民事法情報』213호, 2004.

伊藤靖史,「取缔役报酬规制の问题点 – 东京地判平成19年6月14日判决を素材として」,『商事法务』1829号, 2008.

◆ 참고사이트

DBPIA-학술 데이터베이스: www.dbpia.co.kr

KSI KISS-학술 데이터베이스: www.kiss.kstudy.com

국립중앙도서관: www.nl.go.kr

한국국가법률정보센터: http://www.law.go.k

中國民商法網: www.civillaw.com.cn

中國知網: www.cnki,net

裁判文书网: http://www.court.gov.cn/zgcpwsw/

中国法院网: http://www.chinacourt.org/index.shtml

北大法律信息網 : www.chinalawinfo.com

中國證券監督管理委員會: http://www.csrc.gov.cn

◆ 주요법률

<중국회사법> (2014)

<상장회사관리준칙(上市公司治理準則)> (2002)

<공개발행증권의 회사정보 공시내용과 격식준칙 제2호(연도보고의 내용과 격식)[公开发行证券的公司信息披露内容与格式准则第2号－年度报告的内容与格式]> (2014)

<중앙기업담당자 보수관리 잠정방법> (2004)

<중앙기업담당자 경영실적평가 잠정방법(中央企業負責人經營業績考核暫行办法)> (2009)

<상장회사 지분장려 관리방법(시범시행)[上市公司股權激勵管理辦法(試行)]> (2005)

<지분인센티브 관련 사항 비망록 1호(股权激励相關事項备忘录1號)> (2008년)

<국유지분지배상장회사(해외)의 지분장려의 시범시행방법[国有控股上市公司(境外)实施股权激励试行办法]> (2006)

<국유지분지배상장회사(국내)의 지분장려 시범시행방법[国有控股上市公司(境内)实施股权激励试行办法]> (2006)

<중앙기업 담당자 보수관리를 가일층 규범화하는 지도의견(关于进一步规范中央企业负责人薪酬管理的指导意见)> (2009)

<상업은행 온정보수 감독관리지침(商业银行稳健薪酬监管指引)> (2010)

<상장회사 사외이사제도 제정 관련 지도의견(关于在上市公司建立独立董事制度的指导意见)> (2001)

<금융류 국유 및 국유지분지배기업의 담당자 보수관리 관련 문제에 대한 통지(关于金融类国有和国有控股企业负责人薪酬管理有关问题的通知)> (2009)

아 시 아
태평양법
연구시리즈 **3**

중국 상장회사의 임원보수제도에 대한 연구

초판1쇄 발행 2017년 12월 22일

지은이 황연숙
펴낸이 홍기원

총괄 홍종화
편집주간 박호원
편집 · 디자인 오경희 · 조정화 · 오성현 · 신나래
김윤희 · 이상재 · 김혜연 · 이상민
관리 박정대 · 최기엽

펴낸곳 민속원
출판등록 제18-1호
주소 서울 마포구 토정로 25길 41(대흥동 337-25)
전화 02) 804-3320, 805-3320, 806-3320(代)
팩스 02) 802-3346
이메일 minsok1@chollian.net, minsokwon@naver.com
홈페이지 www.minsokwon.com

ISBN 978-89-285-1116-7 94360
S E T 978-89-285-1113-6

이 도서의 국립중앙도서관 출판시도서목록(CIP)은
서지정보유통지원시스템 홈페이지(http://seoji.nl.go.kr)와
국가자료공동목록시스템(http://www.nl.go.kr/kolisnet)에서 이용하실 수 있습니다.
(CIP제어번호 : CIP2017033405)